PETITES EXPÉRIENCES SCIENTIFIQUES DÉCOIFFANTES !

Sean Connolly est un familier des auditeurs des directs de la cinquième chaîne de Radio de la BBC et de Radio Wales. Parmi les quelques 50 livres destinés aux enfants et aux adultes dont il est l'auteur, on trouve dans la collection *In Time of Need* les ouvrages *Storms (Orages)* et *Earthquakes (Tremblements de Terre)* et dans celle des *Witness of History, The Industrial Revolution (La révolution industrielle)*. Il a également participé à la rédaction de l'Encyclopédie scientifique *Kingfisher*. Dans tous ces projets, ses trois enfants sont tour à tour ses collaborateurs et ses cobayes.

PETITES EXPÉRIENCES SCIENTIFIQUES DÉCOIFFANTES !

SEAN CONNOLLY

Traduit de l'anglais par Annie Viguier

DUNOD

L'édition originale a été publiée en 2008 par Icon Books Ltd sous le titre *Wholly irresponsible exploits !* © Sean Connolly 2008, 2009.

ISBN 978-2-10-054701-2

À RÉALISER AVEC UN ADULTE

CES EXPÉRIENCES EXIGENT L'UTILISATION D'ALLUMETTES, DE LIQUIDES BRÛLANTS ET D'INGRÉDIENTS QUI PEUVENT ÊTRE TOXIQUES EN CAS DE MAUVAISE MANIPULATION.

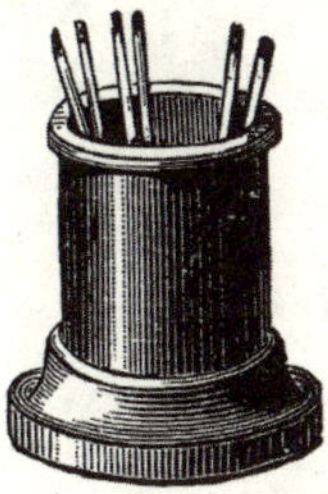

Aux compagnons de ce merveilleux voyage

Frederika, Jamie, Anna, Thomas et Dafydd

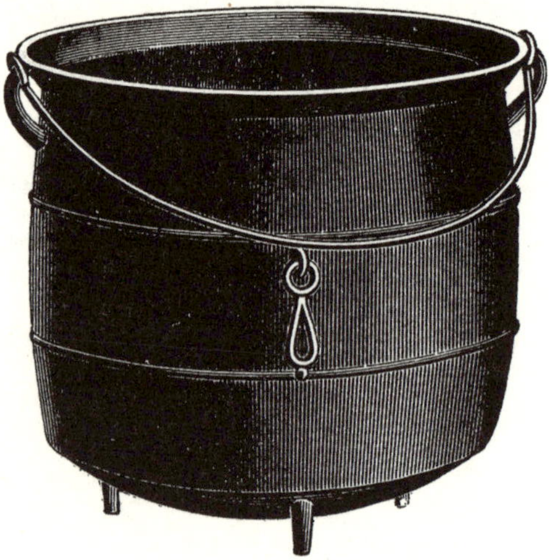

Table des matières

Introduction

Le *Dictionnaire de l'Académie* définit la science comme « L'ensemble structuré des connaissances qui se rapportent à des faits obéissant à des lois objectives (ou considérées comme telles) et dont la mise au point exige systématisation et méthode. »

Cette définition met en évidence le lien qui subsiste entre les peintures rupestres que nous ont laissées les premiers hommes – avec leurs représentations saisissantes de lions des cavernes et de loups prédateurs – et les études des mouvements atmosphériques menées par la NASA à l'aide des lasers infrarouges. Les hommes (qu'ils se soient ou non qualifiés de « scientifiques ») se sont toujours frayé un chemin, par l'observation et l'expérimentation, vers une meilleure compréhension du monde et de son fonctionnement.

Tout au long de notre histoire, nous avons été mus par la curiosité et le « besoin de savoir ». Les scientifiques ont enquêté sur toutes sortes d'énigmes, débusquant de précieuses réponses et partageant avec nous leurs trouvailles. Représentons-nous simplement combien de nos connaissances peuvent être reliées à des questions telles que :

Quelle est la nature des éclairs ?

Comment naissent les cyclones ?

Quelle est la taille d'une goutte d'eau ?

Pourquoi fait-il plus froid en montagne qu'en plaine ?

Nous connaissons – ou du moins savons comment trouver – les réponses à ces questions et à bien d'autres encore qui ont inspiré les scientifiques des siècles durant. Et nous pouvons en voir les bénéfices tout autour de nous, en particulier dans le champ de la technologie, qui exploite les avancées scientifiques à des fins pratiques.

POUR S'INSCRIRE DANS LA LIGNÉE

Les petites expériences scientifiques complètement déjantées emportaient leurs lecteurs dans un voyage au pays des merveilles de la science, exploitant le plus ordinaire et le plus familier pour en obtenir de merveilleux bénéfices. Ce livre continue ce voyage, faisant halte à quelques arrêts familiers, mais prenant des chemins de traverses vers des territoires inconnus. Comme dans le premier opus, il nous montre comment la vie de tous les jours nous fournit bien des objets sur lesquels exercer nos questionnements scientifiques.

Les 65 expériences décrites dans les pages qui suivent utilisent des produits ou des objets que l'on trouve dans la plupart des maisons, ou que l'on peut se procurer aisément. Enfin, comme toute démarche scientifique classique, qui part d'une hypothèse comme fil conducteur d'une démonstration, ces expériences cherchent également à donner des explications argumentées. Certaines, cependant, pourraient facilement engendrer de nouvelles interrogations sans rapport aucun avec les premières. Du genre…

Tu vas vraiment faire sortir de la lumière de ce truc ?

T'as dit que tu allais plier un œuf?

Mais qu'est ce qui peut bien faire tenir ces cuillères en l'air ?

Attend un peu ! Tu n'avais pas deux gobelets à l'instant ?

En plus des expériences, chacun des huit chapitres s'ouvre avec un hommage émouvant à un exploit remarquable dans son domaine. Nombre d'entre eux tombent dans la catégorie « à ne surtout pas tenter chez soi », ce qui n'est absolument pas le cas des 65 expériences de ce petit livre.

À PROPOS DU MOT EN « D »

Tout cela nous amène à considérer un mot important qui apparaît dans le titre de ce livre : « décoiffantes ». Est-il raisonnable d'imaginer des expériences décoiffantes ? N'est-ce pas très exactement le contraire de la méthode scientifique ? En guise de réponse nous pourrions citer la fameuse formule de l'ancien président des États-Unis, Bill Clinton : « Tout dépend de votre définition du verbe « être » ». Et en effet, s'il est possible de donner plusieurs sens à « être », il n'est pas difficile d'imaginer que l'on puisse avoir plusieurs lectures du mot « décoiffant ».

Bien que le titre de l'ouvrage comporte ce mot en « d », ces *65 petites expériences scientifiques décoiffantes* requièrent pour chacune d'entre elles un soin et une attention réels. Leur présentation est simple et logique, et les mises en garde ne cachent rien des difficultés éventuelles (dans la section *Attention!*). Mais ce livre sait aussi appeler le lecteur à se défaire du carcan de sa pensée d'adulte raisonnable et à retrouver l'enfant qui sommeille en lui.

Aucun enfant, après tout, ne se formaliserait d'un lancé d'œufs sur un drap propre. Et ce même enfant qui sommeille en nous aurait bien du mal à préférer classer ses feuilles d'impôts (ou toute autre activité terriblement « raisonnable » de ce genre) plutôt que de permettre aux forces à l'œuvre dans la nature de briser net deux doubles-décimètres. Ainsi, de ce point de vue, chacune de ces expériences mérite bien le qualificatif de décoiffante !

QUI PEUT FAIRE CES EXPÉRIENCES ?

Tout livre qui fait appel à « l'enfant qui est en nous » doit en premier lieu plaire aux enfants. Et ce livre-ci ne fait pas exception. Nous recommandons vivement de montrer chacune de ces expériences aux jeunes scientifiques en herbe qui vous entourent ; certaines peuvent d'ailleurs impliquer des enfants comme volontaires ou comme participants. Mais gardez à l'esprit que le caractère responsable de chaque expérience repose sur l'adulte qui la met en œuvre. Ces expériences sont pour les enfants aussi bien que pour les adultes, mais elles n'ont pas été conçues pour être réalisées par des enfants.

Pour chaque expérience, une section *Attention!* donne les mises en garde appropriées. Certaines de ces mises en garde ne sont que des conseils amicaux visant à permettre une réussite optimale. D'autres ont une fin plus pratique, et attirent l'attention du lecteur sur les ingrédients ou les actions qui nécessitent un soin particulier. Un signal bien visible, *Prenez garde aux allumettes!*, est présent à chaque fois que l'expérience suppose l'utilisation d'allumettes ou toute autre forme d'objet enflammé.

Comment utiliser ce livre

Les *65 petites expériences scientifiques décoiffantes* sont regroupées en 7 chapitres portant chacun sur un thème scientifique ou un questionnement particulier.

Pour chacune d'elle, une introduction présente la nature de l'expérience et ce que l'on peut en attendre, avant de passer aux parties suivantes :

Vous aurez besoin de – Une liste précise des ingrédients et du matériel nécessaires.

Méthode – Une série d'instructions décrites pas à pas et de façon simple.

La caution scientifique – La raison d'être de l'expérience – ou peut-être votre explication empressée face à l'impatience ou la colère de votre conjoint !

Attention ! – Des conseils précieux (et dans certains cas, quelques mises en garde) pour la réalisation de l'expérience.

D'UN COUP D'ŒIL

Les 65 expériences ont été classées en fin d'ouvrage en fonction du temps nécessaire à leur réalisation – de la première étape aux « Ah! Oh! » admiratifs qui les concluront. Vous pouvez avoir tout un samedi après-midi à y consacrer ou simplement quelques minutes. Ce classement vous aidera à choisir l'expérience parfaite pour le temps que vous avez devant vous.

Un feu de paille – moins de 2 minutes
L'affaire de cinq minutes – 2 à 5 minutes
Dans l'heure – jusqu'à 1 heure
L'affaire d'une journée – de 1 à 8 heures
Tenez la distance – un jour entier voire plus.

N'est-il pas maintenant temps de se lancer et de mettre le feu à ce tas de végétaux (des plantes aquatiques, évidemment)? Ou peut-être trouvez-vous que vos raisins manquent d'éclat? Ou encore avez-vous décidé de faire bouillir de l'eau, *dans un verre en carton*! Les pages qui suivent vous donneront le loisir de satisfaire toutes ces envies et plus encore, le

tout dans l'esprit d'une enquête scientifique amusante.

Pour la plupart de ces expériences, un large sourire et un esprit ouvert valent mieux qu'une blouse blanche et une calculatrice. Livrez-vous donc pleinement à ces expériences amusantes, instructives et excentriques et laissez-vous conduire. Chemin faisant vous aurez sans doute la chance de faire découvrir – peut-être même de découvrir – un peu de science.

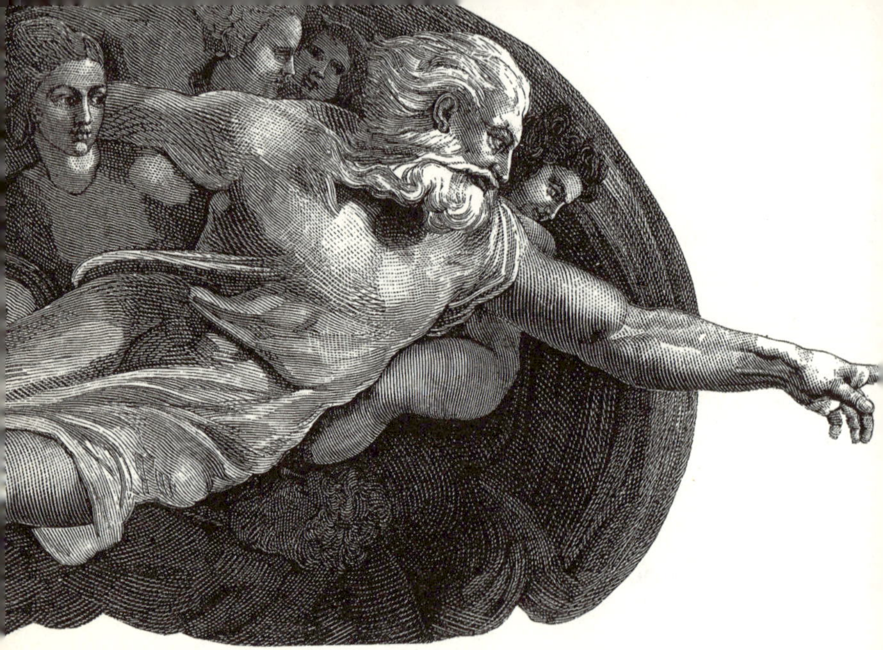

C'est la vie...

À une époque où les préoccupations écologiques sont dans toutes les têtes, c'est tout spontanément que nous nous tournons vers la nature pour y chercher l'inspiration. Que vous souhaitiez « faire pousser » vos propres expériences ou tester la puissance de votre fruit préféré, la nature est le bon endroit pour observer la science en action. Les savants ont mis des siècles à comprendre et reproduire quelques-unes des merveilles qui se déroulent quotidiennement dans la nature. Mais méfions-nous, certaines de ces recherches pourraient bien nous réserver quelques surprises.

LA BARBE D'ABEILLES

Il faut du courage – voire de la témérité – pour travailler avec certains animaux. Pourtant, qu'un homme murmure à l'oreille des chevaux, dresse des otaries ou même dompte des lions, ne surprend plus personne. Mais, quand il s'agit de se frotter à certaines autres espèces, l'affaire reste délicate. Un exemple évident de ce à quoi « on ne nous prendra pas » est l'élevage de l'industrieuse abeille. Pour beaucoup, l'idée de se trouver au contact de ces insectes pourtant réputés sociaux et intelligents, donne la chair de poule.

En dépit de ces phobies, ou peut-être pour les dépasser, certaines personnes continuent de travailler avec ces infatigables faiseuses de miel. Qui n'a jamais vu d'apiculteurs dans leurs costumes informes de cosmonaute ? Mais même avec cet habit, qui les couvre de la tête aux pieds, ils leur arrivent parfois de rencontrer quelques difficultés. Comment imaginer alors que l'on puisse se livrer, nu ou presque, à un essaim d'abeilles bourdonnant et grouillant.

C'est pourtant très exactement ce que tentent ceux qui entreprennent de se faire une barbe d'abeilles – ils attirent vers eux le plus grand nombre d'abeilles qui se posent et s'agglutinent sur leurs corps. C'est l'une des rubriques attestées du livre Guiness des

Records. En juin 2005 l'Irlandais Philip McCabe s'est ainsi préparé à dépasser le précédent record.

McCabe n'est vêtu que d'une paire de slips. Pour toutes protections il s'est contenté d'enfiler des gants, de recouvrir sa bouche d'un masque et de remplir son nombril de coton. Pour attirer les abeilles par milliers, il porte, accrochée à son cou, une cage enfermant une reine. Ses assistants ont ensuite couvert son corps nu de miel et dirigé le flot d'abeilles venues des ruches alentours sur la poitrine de McCabe en les faisant passer à travers un entonnoir. Des milliers de ces abeilles ont grimpé sur son corps et se sont attachées à son menton et son cou, lui faisant une barbe. Puis, rapidement l'intégralité du haut de son corps a été recouverte.

C'était évidemment très impressionnant, mais avait-il établi un nouveau record ? Heureusement personne n'a eu besoin de faire le décompte, abeille par abeille. En fait, les détenteurs du précédent record avaient estimé le nombre par l'évaluation du poids. Ce record du monde de 350 000 abeilles pesait 40 kg ; on avait obtenu ce chiffre en pesant la personne avant et après la formation de l'essaim d'abeilles. Après avoir attendu 2 heures debout immobile, McCabe commença à s'engourdir et il demanda à être pesé. En dépit de la mise en scène spectaculaire, McCabe ne put attirer que 200 000 abeilles. Il accusa une vive bise Irlandaise de cet échec : selon lui, elle n'avait cessé de chasser les abeilles de son torse.

Le buisson ardent ?

Nous avons tous à l'esprit ces réactions chimiques spécifiques qui permettent aux plantes vertes de produire leur propre nourriture. Mais utilisent-elles l'oxygène pour produire du dioxyde de carbone, ou bien est-ce le contraire ? Cette expérience va nous éclairer sur ce point.

VOUS AUREZ BESOIN DE

- Un récipient cylindrique d'une contenance d'environ 1 litre
- Un tube à essai
- Un entonnoir en verre (dont la partie évasée n'excède pas le diamètre du récipient)
- Des allumettes longues
- Des élodées (des plantes aquatiques très utilisées dans les aquariums)
- De l'eau
- Un assistant

MÉTHODE

1. Mettez suffisamment d'élodées dans le récipient pour en couvrir le fond.
2. Déposez l'entonnoir, partie évasée vers le bas, par-dessus les élodées.
3. Assurez-vous que quelques rameaux dépassent à l'intérieur de l'entonnoir, ménageant ainsi un espace à la base du pot.
4. Remplissez le pot d'eau jusqu'à environ 2 cm de l'extrémité de l'entonnoir.
5. Remplissez le tube à essai d'eau et fermez-le avec votre pouce pour l'empêcher de se vider.

6. Rapidement mais sûrement, recouvrez avec le tube à essai la partie supérieure de l'entonnoir retourné.

7. Déplacez délicatement le dispositif pour le mettre à la lumière du soleil et laissez-le reposer pendant quelques heures en l'observant de temps à autre. Vous devriez voir des bulles se former et monter dans le tube à essai.

8. Après 3 heures les bulles devraient avoir totalement remplacé l'eau à l'intérieur du tube à essai.

9. Retirez alors délicatement le tube à essai et maintenez-le la tête en bas.

10. Demandez à votre ami et assistant d'allumer une allumette, soufflez-la et insérez le bout brûlé dans le tube à essai. L'allumette devrait se rallumer dans le tube.

LA CAUTION SCIENTIFIQUE

Cette expérience est une belle mise en évidence de la photosynthèse, le procédé par lequel les plantes utilisent la lumière du soleil, le dioxyde de carbone et l'eau pour produire leur propre nourriture. L'oxygène, un déchet dans cette réaction, se dégage et s'accumule ici dans le tube à essai. Il permet au bout d'allumette encore brûlant de se ré-enflammer.

ATTENTION !

Il est important que de l'air ne pénètre pas dans le tube à essai rempli d'eau, entraînez-vous donc avant de vous lancer devant un public. En outre, étant donné que cette expérience dépend de l'activité photosynthétique de la plante, essayez de la mettre en œuvre un jour ensoleillé.

PRENEZ GARDE AUX ALLUMETTES !

Cette expérience nécessite l'usage d'allumettes et doit par conséquent être encadrée par un adulte responsable.

On vire au vert – à moins que ce ne soit le vert qui vire ?

Chaque automne, des centaines de milliers de touristes venus du monde entier accourent dans la région des États-Unis appelée Nouvelle-Angleterre. Dans les forêts de Nouvelle-Angleterre, quand les feuilles des arbres perdent leur couleur verte à la fin de l'été, elles se parent de teintes éclatantes. Nous allons avoir ici la chance de reproduire la première étape de ce processus, et peut-être même un peu plus. Hé, ce ne serait pas un car de touriste qui se pointe ?

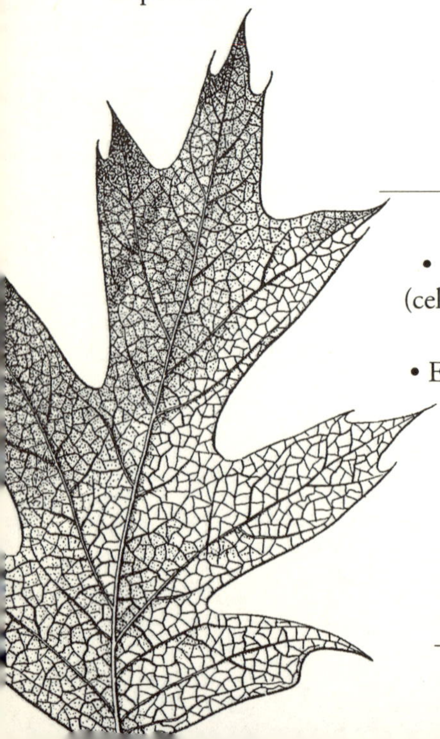

VOUS AUREZ BESOIN DE :

- Un grand verre
- La feuille d'un arbre caducifolié (celles, bien larges, des marronniers ou des platanes sont parfaites)
- Environ 400 ml d'alcool dénaturé
- Une grande casserole (de plus de 30 cm de diamètre)
- De l'eau
- Une paire de pinces
- Un grand bol mélangeur

MÉTHODE

1. Remplissez à moitié la casserole avec de l'eau et faites-la bouillir.

2. Mettez la feuille dans la casserole et maintenez doucement l'ébullition pendant 2 minutes.

3. Éteignez le feu, enlevez la casserole et utilisez la paire de pinces pour transvaser la feuille dans le verre. Laissez l'eau chaude dans la casserole.

4. Remplissez le verre (qui contient maintenant la feuille) avec l'alcool dénaturé.

5. Ajoutez un peu d'eau froide à l'eau de la casserole jusqu'à ce qu'elle ait suffisamment refroidi pour ne plus être brûlante au toucher.

6. Mettez le verre dans le bol mélangeur et versez l'eau chaude de la casserole dans le bol jusqu'au ras du bord du verre. Laissez reposer pendant une heure.

7. À votre retour, l'alcool devrait avoir viré au vert.

8. Utilisez les pinces pour extraire la feuille : elle devrait quant à elle avoir perdu presque toute sa teinte verte.

LA CAUTION SCIENTIFIQUE

La chlorophylle est le pigment qui permet aux plantes d'utiliser la lumière pour produire leur propre nourriture. Ce mot vient du grec *chloros* (« vert ») et *phyllum* (« rameau, feuille »). L'alcool dénaturé, dont l'action est ici accélérée par la chaleur, casse quelques parois cellulaires de la feuille qui libère ainsi ses pigments verts. Résultat, le verre contient un liquide verdâtre grâce à la présence de la chlorophylle, et la feuille a perdu sa teinte verte.

ATTENTION !

Les deux liquides utilisés dans cette expérience – aussi bien l'eau bouillante que l'alcool dénaturé – ne peuvent être manipulés que par des adultes. Les enfants ne seront ici que de simples spectateurs.

Le pouvoir de l'ananas

Vous êtes-vous jamais demandé pourquoi votre langue vous paraissait rugueuse et irritée après avoir mangé de l'ananas frais ? On pourrait même parfois se demander si ce n'est pas l'ananas qui s'est servi une tranche, dévorant vos papilles au passage. C'est une description assez précise de ce qui se passe en réalité et cette expérience va finir de vous en convaincre.

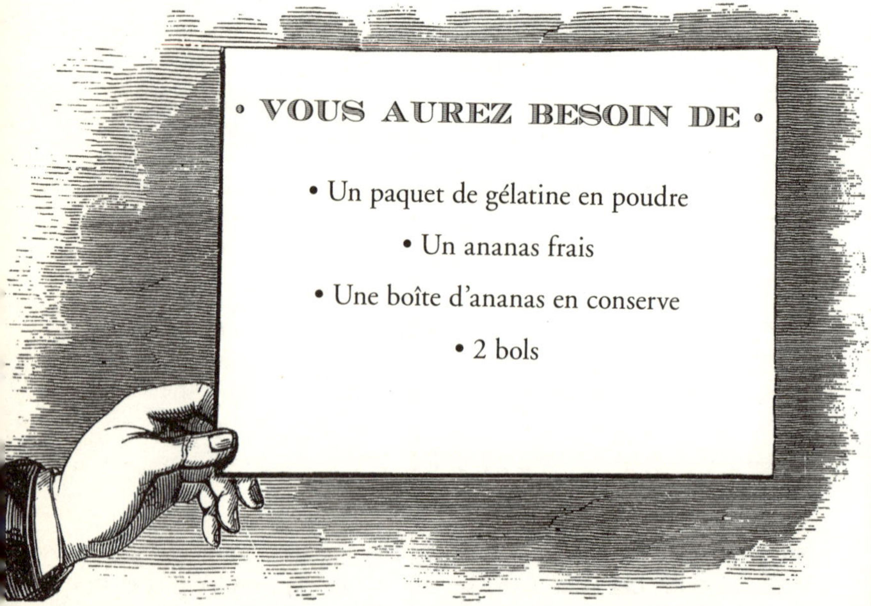

• VOUS AUREZ BESOIN DE •

- Un paquet de gélatine en poudre
- Un ananas frais
- Une boîte d'ananas en conserve
- 2 bols

MÉTHODE

1. Préparez la gélatine comme c'est indiqué sur le paquet et remplissez les deux bols avant que le mélange ne prenne.

2. Laissez la gélatine prendre en gelée dans les bols.

3. Découpez une tranche dans l'ananas frais et prenez une tranche de celui en boîte.

4. Mettez la tranche d'ananas frais sur le dessus de la gelée de l'un des bols et la tranche d'ananas en boîte sur celle de l'autre bol.

5. Attendez 15 minutes et observez.

6. Ce temps aura suffi à la tranche d'ananas frais pour creuser son chemin en dévorant la gelée placée sous elle, alors que la tranche d'ananas en conserve sera restée en surface.

LA CAUTION SCIENTIFIQUE

Cette petite expérience en forme d'amuse-bouche montre les effets des enzymes, les protéines qui catalysent (c'est-à-dire accélèrent) les réactions chimiques. L'ananas frais contient une enzyme appelée bromelase, qui digère la gélatine (une autre protéine). L'étrange sensation que provoque l'ananas sur notre langue est due à l'action de cette enzyme sur nos papilles. Les aliments en conserve, comme l'ananas de cette expérience, ont subi un traitement par la chaleur, qui inactive les enzymes comme la bromelase. C'est la raison pour laquelle la tranche d'ananas au sirop reste obstinément à la surface du bol de gelée.

ATTENTION !

Faites attention en coupant la tranche d'ananas frais : il est préférable qu'un adulte armé d'un couteau pointu et aiguisé se charge d'évider le cœur de la tranche d'ananas et d'en retirer la peau.

Une récolte de cacahuètes

Les médecins seraient sans doute moins inquiets quant à l'obésité infantile, s'il fallait aux enfants attendre des mois avant de pouvoir se préparer le moindre encas. De ce point de vue, cette expérience pourrait presque être qualifiée de responsable. Quoique… cela pourrait devenir délicat si vous deviez expliquer à vos invités lors du prochain dîner de Noël qu'ils vont devoir attendre encore une semaine ou deux avant que leurs cacahuètes grillées n'aient enfin fini de mûrir.

• VOUS AUREZ BESOIN DE •

- Des cacahuètes fraîches (graines d'arachide, dans des magasins bio par exemple)
- Un sac à sandwich (en plastique) ou un petit récipient en verre avec un couvercle
- De l'essuie-tout
- De l'eau
- De la terre
- Un pot de fleur (30 cm x 45 cm)

MÉTHODE

1. Ôtez délicatement la coque d'une ou deux cacahuètes en faisant bien attention à ne pas entamer la petite peau rouge qui les recouvre.

2. Humidifiez trois feuilles d'essuie-tout et placez-y les cacahuètes.

3. Déposez délicatement l'ensemble à l'intérieur du sac ou du récipient en vous débrouillant pour pouvoir garder un œil sur vos graines.

4. Au bout d'une semaine vous devriez voir vos graines germer.

5. Remplissez le pot de fleur de terre et faites-y quelques trous d'environ 3 cm de profondeur pour y planter vos graines germées.

6. Arrosez votre pot régulièrement et regardez votre arachide pousser et devenir un petit plant d'environ 45 cm de haut. Après 7 ou 8 semaines, des fleurs jaunes devraient apparaître.

7. Les fleurs fanées, la tige se courbera vers le sol (avec à son bout une cosse à l'endroit où se trouvait la fleur) et s'enterrera sous terre.

8. Après encore 9 semaines vous pourrez arracher la plante – sous le sol, la cosse aura mûri en cacahuètes.

LA CAUTION SCIENTIFIQUE

Cette aventure fascinante (et incroyablement satisfaisante) nous fait découvrir ce que la plupart d'entre nous ignorent – à savoir que les cacahuètes ne sont pas des noix. Les noix sont des fruits secs qui ne mûrissent pas sous terre. Les cacahuètes elles, n'appartiennent pas à la même famille de plantes, et s'apparentent aux légumineuses comme les pois et les haricots.

ATTENTION !

Assurez-vous qu'aucune des personnes participant à l'expérience – ou invitée à en manger les fruits – n'est allergique aux cacahuètes.

De l'eau, quelle bonne idée !

De l'eau, de l'eau, partout de l'eau,
Et les planches racornissaient,
De l'eau, de l'eau, partout de l'eau,
Nulle goutte ne nous restait.

Le grand poète Samuel Taylor Coleridge aurait-il écrit ces vers en référence à notre prochain chapitre qui utilise l'eau comme source de notre pouvoir scientifique ? Sans doute pas, mais songez comme il aurait trouvé utile notre océan en kit – et une maman pour l'accompagner dans sa traversée.

LA TRAVERSÉE DE DAN ET SA MAMAN

L'idée de traverser l'Atlantique – en particulier d'Est en Ouest – a fasciné les hommes depuis des siècles. Le débat pour savoir qui, le premier, a découvert l'Amérique continue d'ailleurs de faire rage. Était-ce Colomb en 1452 ? Leif Erikson et ses compagnons Vikings 500 ans plus tôt ? Ou peut-être Saint Brendan au VIe siècle, parti d'Irlande avec ses moines en naviguant sur un petit vaisseau recouvert de peau ?

Les récits de traversées de l'Atlantique après Colomb sont aussi des plus variées – le plus rapide, en solitaire, le plus jeune en solitaire, le premier à la rame ; mais pour la plupart, ces récits relatent les exploits d'hommes seuls, ou d'une petite équipe de navigateurs endurcis. Aucun ne fait référence à un marin traversant à la rame avec *sa maman.*

C'est pourtant ce qu'a réussi Dan Byles en 1997. Byles avait alors 23 ans, il avait entendu parler de l'*Atlantic Rowing Race*, fondée par le fameux navigateur britannique Chay Blyth, en 1995. À l'époque on comptait plus d'ascension de l'Everest ou d'hommes envoyés dans l'Espace que de traversée de l'Atlantique à la rame : six de ceux qui s'étaient lancés dans l'aventure étaient morts sans y parvenir. Byles et un de ses amis avaient déjà commencé à s'entraîner quand l'entrée de ce dernier dans le monde du travail a rapidement brisé cet élan.

Dan a alors eu le réflexe de beaucoup de jeunes hommes dans ce genre de cas désespérés – il a demandé de l'aide à sa maman. Jan Meeks, 50 ans et jeune veuve, était à la recherche d'une occupation qui lui remonte le moral. L'offre de son fils était pour le moins inattendue – surtout pour Jan qui préférait nettement les soirées paisibles à la maison, passées à écouter de la musique classique. Sa seule expérience de navigation à la rame devait remonter à une promenade en bateau lorsqu'elle avait 8 ans. Elle a cependant accepté de relever le défi et ils ont tous deux passé les 18 mois suivants à s'entraîner dans la perspective de cette traversée. Jan a même dû hypothéquer sa maison pour faire construire un bateau en bois de 6,5 m de long.

La course a été un exploit à la mesure de leurs attentes. Équipés d'un simple réchaud de camping à 45 €, de seulement une combinaison de navigation étanche pour deux et sans téléphone satellite, ils ont tenu le coup sur les 4990 km de voyage, de Ténériffe à la Barbade. Ils ont rencontré des baleines, des requins et des vagues aussi grosses que des maisons. Jan plaisantait au retour sur le fait que les furoncles qu'elle avait développés, faisaient ressembler son arrière-train à une pizza.

Après 101 jours de mer, ils ont franchi la ligne d'arrivée. Ils étaient 22e sur 22 mais ils avaient établi deux records : la première traversée mère-fils de l'Atlantique à la rame et la personne la plus âgée à avoir accompli cet exploit.

Sauve qui peut !

« Chéri ! Les toilettes sont bouchées. » Voici une phrase faite pour semer la terreur dans le cœur de l'époux moyen installé tranquillement pour lire son journal. En comparaison, « Chéri, l'eau monte dans le verre ! » tombe un peu à plat. Mais l'absence de choc sera vite compensée par l'émerveillement. Voici une expérience qui mérite un public : même Papa y assistera avec plaisir quand il verra qu'il est simplement là comme spectateur.

VOUS AUREZ BESOIN DE

- Un plat de cuisson peu profond ou un plat à tarte en aluminium
- Une bougie
- Des allumettes ou un briquet
- De l'eau
- Un grand verre (de 35 cl environ)

MÉTHODE

1. Allumez la bougie et faites couler un peu de cire au fond du plat.

2. Fixez la bougie, toujours allumée, en la collant avec la cire avant que celle-ci ne durcisse.

3. Remplissez le plat à mi-hauteur avec de l'eau.

4. Couvrez la bougie avec le verre renversé.

5. Au bout de quelques secondes la bougie s'éteindra, l'eau remontera alors dans le verre renversé et restera à un niveau plus élevé que celui du plat.

LA CAUTION SCIENTIFIQUE

La pression de l'air ou plus précisément la différence de pression est en jeu dans cette expérience. En plaçant le verre par-dessus la flamme, vous provoquez un réchauffement de l'air à l'intérieur du récipient. Mais c'est un volume d'air limité, et rapidement la flamme de la bougie aura brûlé tout l'oxygène disponible… et bientôt l'air commença à se refroidir. C'est à ce moment que la pression entre en jeu : l'air refroidi exerce une pression plus faible sur la surface de liquide que l'air chaud. L'eau se précipite alors à l'intérieur du verre puisque la pression ne l'empêche plus de monter.

ATTENTION !

Assurez-vous d'avoir fait couler suffisamment de cire pour que la bougie tienne solidement, car un choc inopportun pourrait provoquer une chute de la bougie vacillante. Essayer d'ajouter une goutte ou deux de colorant alimentaire dans l'eau si votre public observe l'expérience d'un peu trop loin.

PRENEZ GARDE AUX ALLUMETTES !

Cette expérience nécessite l'usage d'allumettes et doit par conséquent être encadrée par un adulte responsable.

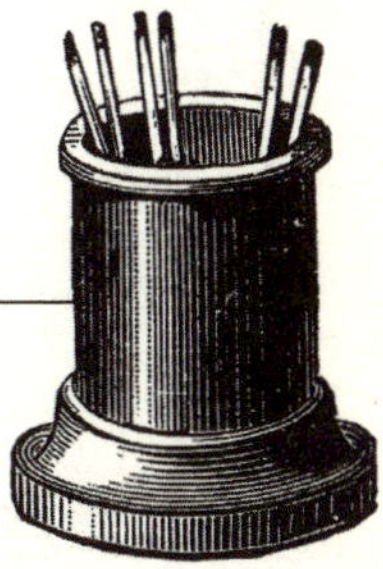

Le cercle magique

Si seulement tous les objets domestiques se conduisaient avec la même docilité que le petit bout de ficelle de cette expérience. La vie serait tellement plus simple si l'on pouvait agiter un coton-tige au-dessus de la pâte pour qu'elle devienne immédiatement un gâteau, ou si nous pouvions nous contenter de toucher nos draps pour que le lit se fasse tout seul. Cette avancée révolutionnaire ne saura manquer d'arriver en son temps. En attendant, essayons de nous contenter d'un petit soupçon de magie.

VOUS AUREZ BESOIN DE :

- Un plat qui va au four
- Un bout de ficelle de 20 cm de long
- De l'eau
- Un coton-tige
- Du liquide vaisselle

MÉTHODE

1. Remplissez le plat à mi-hauteur avec de l'eau.

2. Nouez les extrémités de la ficelle pour faire un cercle.

3. Faites flotter la ficelle sur l'eau, elle devrait perdre sa forme circulaire.

4. Plongez un coton-tige dans du liquide vaisselle et trempez son extrémité savonneuse à l'intérieur de la ficelle flottante.

5. La ficelle deviendra très rapidement un cercle parfait.

LA CAUTION SCIENTIFIQUE

On entend souvent parler d'objets permettant de se débarrasser des tensions, dans ce cas c'est le liquide vaisselle qui joue ce rôle. Les molécules à la surface de l'eau sont liées entre elles – formant une espèce de peau – par la tension de surface. Le savon réussit à s'insinuer entre les molécules d'eau et rompt alors cette peau. Comme celles-ci exercent des forces égales sur toute la circonférence du cercle de ficelle, elles lui font prendre une forme parfaitement circulaire.

ATTENTION !

Il n'y a pas grand-chose à craindre de cette expérience. Assurez-vous juste que personne ne prenne l'eau savonneuse pour de l'eau potable quand vous en aurez fini.

Un bouchon en équilibre

Vous pourriez avoir les chevilles qui enflent, si, montrant ce tour, vous vous preniez un peu trop pour un magicien. Dans son principe, bien évidemment, tout ceci repose sur des fondements scientifiques solides. Mais, sans tubes à essai ou bec Bunsen pour faire sérieux, votre auditoire pourrait penser que d'autres types de forces sont à l'œuvre ici. Gardez à l'esprit que vous avez là l'une des expériences les plus simples et les plus rapides à faire, donc profitez-en bien.

• VOUS AUREZ BESOIN DE •

- Un verre
- Un bouchon de bouteille de vin
- De l'eau
- Un volontaire

MÉTHODE

1. Remplissez le verre presque jusqu'à ras bord avec de l'eau.

2. Demandez à votre volontaire de placer le bouchon de sorte qu'il flotte au centre de la surface du liquide (cela ne marchera pas, et il ne cessera de dériver vers les bords).

3. Expliquez que vous allez réussir là où il a échoué ; prenez le bouchon et remplissez à nouveau le verre, mais bien à ras bord cette fois.

4. Maintenant à votre tour : vous montrerez que cette fois le bouchon reste exactement au centre du liquide comme prévu.

LA CAUTION SCIENTIFIQUE

Quand le verre n'est pas tout à fait rempli, l'eau adhère légèrement à la face interne du verre, créant un petit rebord sur tout le tour. Le bouchon flottant dérive alors naturellement vers le point le plus haut – le bord. Le verre plein à ras bord, au contraire, est un peu plus que plein, car la tension de l'eau permet d'obtenir une surface rebondie. Et c'est au centre de cette bosse que le bouchon restera en équilibre.

ATTENTION !

Le plus gros risque de cette expérience est de créer chez votre volontaire frustré un fort ressentiment qui pourrait lui donner des envies de vengeance. Surveillez donc vos arrières !

– Le – tamis étanche

Tout le monde a parfaitement connaissance de la façon dont fonctionne un tamis, qu'il soit utilisé pour chercher de l'or ou préparer des pâtes. C'est simple : alors que l'eau ou tout autre liquide le traverse librement, le solide (qui ne passe pas au travers des trous) reste seul à l'intérieur. Mais que dites-vous d'un tamis qui ne laisse pas passer l'eau, alors même que vous savez bien qu'il est percé de trous ? Y aurait-il un trou à combler dans votre savoir, ou quelque chose se cache-t-il derrière tout cela ?

• VOUS AUREZ BESOIN DE •

- Un carré de 20 x 20 cm de gaze métallique (comme celle des moustiquaires)
- Une bouteille de 1 l ou une carafe (idéalement avec une embouchure de 6 à 8 cm de large)
- Un élastique solide
- Un ami volontaire

MÉTHODE

1. Tenez le morceau de gaze métallique devant votre visage et soufflez au travers (pour faire taire les futurs sceptiques).

2. Remplissez la bouteille à ras bord avec de l'eau.

3. Placez la gaze sur l'embouchure de la bouteille et fixez-la solidement avec l'élastique.

4. Demandez à votre ami de mettre sa main sur l'embouchure de la bouteille puis de la retourner en gardant bien sa main en place.

5. Demandez alors à votre ami de déplacer la bouteille, toujours renversée, au-dessus de votre tête puis de retirer sa main rapidement.

6. Pas une goutte d'eau ne devrait couler de la bouteille, et votre tête devrait rester sèche.

LA CAUTION SCIENTIFIQUE

La tension de surface, cette force qui retient les molécules ensemble, aide l'eau à former une sorte de peau quand elle est au contact de l'air. Cette peau s'attache aux objets solides comme le bord d'un verre ou, dans ce cas, le fin réseau métallique de la gaze. Des centaines de ces petites digues (soutenues fermement par la tension de surface) retiennent l'eau et l'empêchent de couler alors que la bouteille est renversée.

ATTENTION !

La petite mise en scène décrite ci-dessus ne vous fait courir que peu de risques – après tout, même si l'expérience échouait, vous seriez le seul à en souffrir. D'un autre côté, la situation pourrait devenir totalement décoiffante si vous tentiez l'expérience avec quelqu'un d'autre – un oncle grincheux, par exemple ?

L'éruption silencieuse

De temps en temps, vous tomberez sur une expérience qui vous fera hocher la tête et vous demander « C'est vraiment moi qui aie fait ça? ». En général, ce genre de prouesse à ne pas en croire ses yeux (et ses oreilles), sont de celles qui se font avec un équipement minimum et encore moins de matériel scientifique. Alors maintenant asseyez-vous et regardez cette paire de bouteilles très ordinaires – avec des ingrédients encore plus quelconques – réussir un tour tout à fait extraordinaire.

VOUS AUREZ BESOIN DE :

- 2 bouteilles en verre de 1 l (avec des goulots de 6 à 8 cm de large)
- Un morceau de carton de 10 cm de côté
- De l'eau chaude
- De l'eau froide
- De l'encre

MÉTHODE

1. Remplissez une bouteille avec de l'eau froide et l'autre avec de l'eau chaude (les deux prises au robinet).
2. Ajoutez de l'encre dans la bouteille d'eau chaude et secouez doucement pour obtenir une couleur uniforme.
3. Assurez-vous que les deux bouteilles sont bien remplies, à ras bord si nécessaire.
4. Appliquez le morceau de carton sur l'ouverture de la bouteille d'eau froide.
5. En maintenant le carton bien en place, retournez la bouteille d'eau froide et faites la tenir en équilibre sur l'ouverture de la bouteille d'eau chaude (le morceau de carton se trouve entre elles deux).
6. En tenant fermement les bouteilles, tirez le carton qui les sépare.
7. L'eau chaude colorée va monter dans la bouteille du haut, et l'eau froide incolore va descendre dans l'autre bouteille.

LA CAUTION SCIENTIFIQUE

La clé de cette expérience est la flottabilité, la force dirigée vers le haut qui maintient le bateau et les nageurs à flot. L'eau chaude monte à l'intérieur de ce système clos exactement comme l'air chaud monte à l'extérieur. Dans ce cas, l'eau chaude est facile à suivre grâce à l'encre qui la colore, mais l'eau froide incolore est tout aussi reconnaissable alors qu'elle trouve son chemin au travers de l'eau colorée vers le bas de la bouteille inférieure.

ATTENTION !

Maîtriser l'équilibre des deux bouteilles superposées peut prendre un peu de temps. Il est préférable d'avoir fait quelques tests préalables, d'abord avec des bouteilles vides, puis avec des bouteilles remplies d'eau froide, jusqu'à ce que vous jugiez que vous le faites sans difficulté.

L'aiguille qui flotte

Voici un petit test rapide. Mettez un bout de tissu et une aiguille à coudre dans un verre d'eau, l'un d'eux flotte, mais lequel ? Réalisez cette expérience pour prendre la mesure du pouvoir porteur de l'eau. Vous pourriez avoir envie de faire un pari amical avec vos spectateurs.

VOUS AUREZ BESOIN DE :

- Un verre
- Un bout d'essuie-tout
- Une petite aiguille à coudre
- De l'eau

MÉTHODE

1. Remplissez le verre d'eau à ras bord.

2. Déchirez un carré d'essuie-tout un peu plus petit que le diamètre du verre.

3. Délicatement, déposez l'aiguille sur l'essuie-tout puis posez l'ensemble sur la surface de l'eau.

4. L'essuie-tout flottera, avec l'aiguille dessus, avant de couler…

5. … mais l'aiguille continuera ensuite à flotter à la surface de l'eau.

LA CAUTION SCIENTIFIQUE

Voici une nouvelle démonstration de la tension de surface, peut-être celle qui marquera le plus les esprits car le résultat paraît aberrant… jusqu'à ce qu'on y pense à tête reposée. L'essuie-tout est rempli d'air et une fois que cet air s'est échappé du papier (puisqu'il est trempé), il ne reste que de l'eau. Le tissu imbibé d'eau coule au fond du verre mais, pendant ce temps, les molécules d'eau se sont regroupées, reformant ainsi la tension de surface qui permet à l'aiguille de flotter.

ATTENTION !

Faites attention à ne pas vous piquer en manipulant l'aiguille et ne la laissez pas traîner quand vous aurez fini cette expérience.

La patineuse fantôme

Durant des milliers d'années, les scientifiques et les philosophes ont essayé de trouver le secret du mouvement perpétuel. L'objet de cette quête mystérieuse est longtemps resté insaisissable, en dépit des progrès réalisés dans le domaine des sciences et des techniques. Mais peut-être cherchait-on au mauvais endroit – dans des galaxies éloignées ou dans le nano-monde des microscopes électroniques. Et si ce secret était juste à portée de notre main… dans le placard de la cuisine.

VOUS AUREZ BESOIN DE

- Un carré de liège de 1 cm d'épaisseur et de 12 cm de côté
- 4 cure-dents (d'environ 6 cm de long)
- 3 ou 4 boules antimites camphrées
- Un saladier de 30 cm de diamètre
- Du carton
- Des crayons de couleur
- Un couteau
- De l'eau
- Des gants en caoutchouc

MÉTHODE

1. Dessinez une patineuse sur le carton, puis découpez et coloriez cette figurine en laissant une petite languette dépasser au niveau du pied.

2. Découpez dans le liège un cercle de 5 à 6 cm de diamètre et 4 carrés de 2 cm de côté.

3. Faites une petite fente au centre du cercle et glissez-y la languette (au pied de la patineuse). La patineuse doit tenir debout.
4. Découpez des petits V de 5 mm de large dans un côté de chacun des carrés. Enfilez les gants de caoutchouc pour les étapes suivantes.
5. Découpez des petits bouts de boule antimite de façon à ce qu'ils s'imbriquent dans chacun de ces V.
6. Piquez un cure-dent dans chaque carré, sur le côté opposé à celui portant l'antimite.
7. Piquez l'autre extrémité des cure-dents sur les bords du cercle en liège de telle sorte qu'ils forment une croix avec le cercle de liège au centre.
8. Remplissez le bol d'eau et placez la « croix de liège » au centre.
9. La patineuse se mettra alors à tourner en boucle.

LA CAUTION SCIENTIFIQUE

Cette expérience introduit un peu changement par rapport à celles précédemment exposées dans ce chapitre, puisque cette fois le résultat est obtenu en diminuant la tension de surface de l'eau. Le camphre des boules antimites se dissout et crée une solution camphrée quand il se mélange à l'eau. Cette solution camphrée a une plus faible tension de surface que l'eau pure. Ainsi, la poussée de l'eau sur les côtés restants des carrés de liège est plus forte que celle s'exerçant sur le côté contenant le camphre. Pour faire simple, la poussée la plus forte gagne et le liège tourne sans fin… comme le fait la patineuse fantôme un peu plus haut.

ATTENTION !

Porter des gants de caoutchouc protège vos mains du camphre qui peut être irritant pour la peau. Faites bien attention lors de vos découpes : si vous utilisez un couteau pointu pour les réaliser, laissez un adulte le faire.

Un océan en kit

Quelle tristesse que ces enfants qui grandissent loin de la mer, sans jamais entendre le son du ressac sur le rivage. Cette petite expérience leur donnera un aperçu du bord de mer, sans les désagréments des coups de soleil et des moustiques. Pour le son du clapotis de l'eau, vous pourrez toujours demander au chien de la maison de laper son écuelle.

• VOUS AUREZ BESOIN DE •

- Une bouteille plastique vide de 2 l (avec son bouchon)
- Un entonnoir
- Du colorant bleu alimentaire
- De l'eau
- De l'huile alimentaire (l'huile de tournesol fonctionne bien)

MÉTHODE

1. Remplissez la bouteille au tiers avec de l'eau.

2. Ajoutez quelques gouttes de colorant alimentaire et remuez la bouteille pour bien mélanger.

3. Utilisez l'entonnoir pour remplir le reste de la bouteille avec l'huile.

4. Fermez la bouteille hermétiquement.

5. Tenez la bouteille horizontale, en levant et abaissant l'une des extrémités.

6. L'eau teintée donnera le sentiment de faire des vagues bleues alors qu'elle fera des allées et venues dans la bouteille.

LA CAUTION SCIENTIFIQUE

L'hypnotisant pouvoir de la vague est une très belle démonstration de l'incapacité de l'eau et de l'huile à se mélanger. Gardez à l'esprit deux points importants. Tout d'abord, un liquide plus dense (ici l'eau) coulera sous un liquide moins dense. Mais cela n'explique pas pourquoi ils ne se mélangent pas pour en former un nouveau, comme le café au lait. C'est parce que l'huile n'est pas assez forte pour rompre les puissantes liaisons hydrogène qui tiennent entre elles les molécules d'eau. Ces deux liquides sont ainsi destinés à rester séparés à jamais.

ATTENTION !

Assurez-vous que le bouchon reste hermétiquement fermé tout au long de cette expérience, sinon le nettoyage pourrait être un peu plus long que prévu.

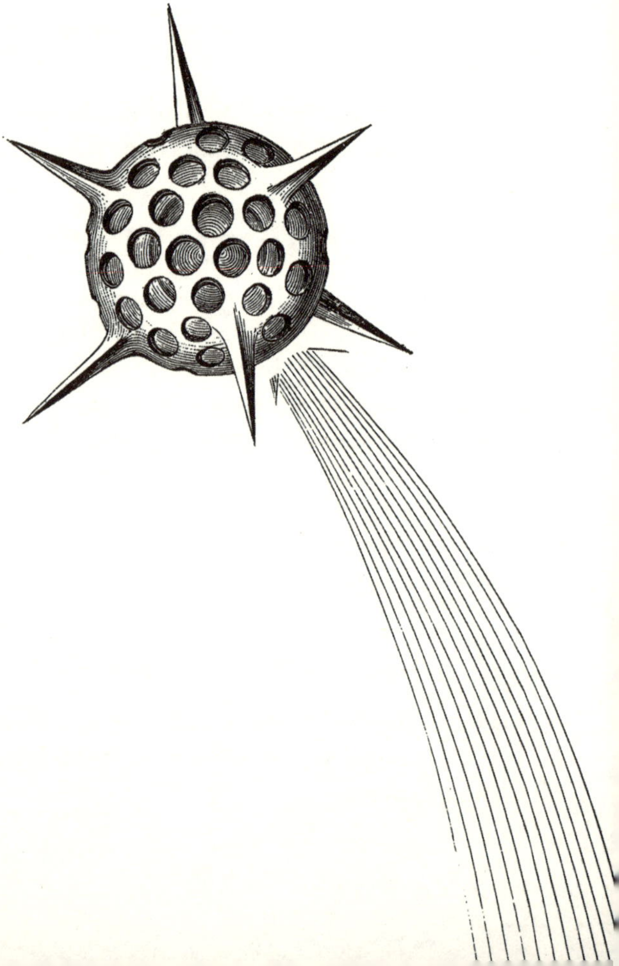

Les étincelles jaillissent

Le magnétisme des scientifiques réside plus souvent dans leurs recherches que dans leurs personnalités. Mais, en êtes-vous certain ? Ne peut-on pas concilier les deux ? Après tout, cela a marché avec ce vieux sage de Ben Franklin, qui a réussi à conduire l'Amérique vers l'indépendance séduisant la cour du Roi de France, quand il n'était pas occupé par ses recherches sur l'électricité. Les expériences qui suivent susciteront certainement beaucoup d'intérêt, pour peu que vous sachiez rester positif.

UNE DATE CLÉ POUR L'ÉLECTRICITÉ

Qu'y a-t-il de si magnétique dans les intempéries pour qu'elles mettent ainsi le diable au corps des plus sages d'entre nous. Aux États-Unis, chaque printemps, de nombreux employés de bureau ordinaires sont prêts à abandonner leur petit bureau étroit à la moindre goutte tombée sur leur chapeau. Ils sautent alors dans leurs voitures et deviennent « chasseurs d'éclairs », à la recherche des orages les plus violents qui, ils l'espèrent, évolueront peut-être en tornade.

Il y a plus de 250 ans, l'un des plus avisés parmi les hommes d'État a ainsi risqué l'électrocution dans un exercice décoiffant de ce genre – son objectif était de pénétrer les secrets des éclairs. Franklin n'était pourtant pas de ceux qui cherchent à établir des records en se livrant à des exploits plus ou moins risqués. Il était plutôt connu pour la sagesse de ses sentences consignées dans le fameux *Almanach du Bonhomme Richard*, pour l'invention de la lunette à doubles foyers, ou pour son activité de diplomate œuvrant pour l'indépendance américaine.

Vers 1750, Franklin, comme d'autres scientifiques de son époque, est persuadé que l'éclair est un phénomène de même nature que l'électricité statique, mais quelques millions de fois plus puissant que les petites décharges que nous provoquons en enfilant un pull de laine. Il sait que les éclairs frappent – ou foudroient – les objets proéminents. Dernier point que devait connaître Franklin – car s'il avait dû supporter la décharge électrique puissante d'un véritable éclair, il n'aurait jamais survécu à sa fameuse expérience – c'est que l'électricité statique doit se condenser avant que l'orage n'éclate.

Avec tous ces éléments présents à l'esprit et accompagné de son fils William âgé de 21 ans, Franklin remarqua des nuages sombres qui s'accumulaient au-dessus de la ville de Philadelphie. Ils ont alors fait voler un cerf-volant un peu particulier, une clé en métal attachée au bout de son fil. De cette clé suspendue pendaient un ruban (que tenait Franklin) et un câble électrique connecté à une bouteille de Leyde, qui concentre les charges électriques.

Benjamin et William attendirent patiemment pendant que les nuages passaient à proximité : rien ne se passait au niveau du cerf-volant ni au niveau de la clé. Benjamin jugea alors que la pluie avait suffisamment mouillé la ficelle du cerf-volant, et qu'elle était probablement chargée (un fil humide propage beaucoup plus facilement une charge électrique). Il leva alors sa main libre vers la clé et comme il s'en approchait, il y eut un flash lumineux. C'était la preuve formelle que le cerf-volant avait bien accumulé de l'électricité statique que son fil avait ensuite conduit vers le sol.

La danse des confettis

En voilà encore à classer dans la catégorie « comment n'y ai-je pas pensé plus tôt ? » Nous avons tous entendu parler des charges positives et négatives, de l'attraction et des forces, mais cela nous semble souvent un peu ennuyeux sous la forme d'un cours dans le cahier de classe.

N'existe-t-il pas un moyen plus vivant d'appréhender tout ça ? Un moyen qui donne envie de danser ? Peut-être bien.

VOUS AUREZ BESOIN DE

- Une boîte en plastique avec un couvercle qui se clipse (la boîte idéale devrait être peu profonde et de la taille d'une boîte à chaussures)
- Des confettis (ou des petits bouts de papier faits à la perforatrice)
- Un vêtement ou un morceau de tissu en laine

MÉTHODE

1. Versez les confettis ou les bouts de papier dans la boîte de sorte que le fond ne soit pas tout à fait recouvert.

2. Fermez le couvercle.

3. Frottez le vêtement ou la liane sur la face externe du couvercle.

4. Les petits bouts de papier danseront de haut en bas dans la boîte.

LA CAUTION SCIENTIFIQUE

Cette expérience repose entièrement sur les charges électriques et leurs propriétés d'attraction et de répulsion. Frotter la surface du couvercle engendre une charge électrique, ce qui attire les bouts de papier. Ils montent alors vers le couvercle et se chargent à son contact. En un instant, cela les repousse (les bouts de papier et le couvercle ayant la même charge), de sorte que les papiers redescendent. Dès qu'ils atteignent le fond de la boîte, ils perdent leur charge et sont de nouveau attirés par le couvercle.

ATTENTION !

La très faible puissance de ces charges électriques rend cette expérience totalement inoffensive.

Une trace fantomatique

Quand le Professeur Liedenbrock et Axel, son neveu continuellement anxieux, commencent à se perdre dans le sous-terrain sans fin du *Voyage au centre de la Terre* de Jules Verne, leur torche illumine brièvement deux lettres, « AS », sur les parois de la caverne. Ce signe est pour eux un immense soulagement, puisqu'ils ont ainsi l'assurance de marcher dans les traces du grand explorateur Danois Arne Saknussemm. Cette apparition de lettres qui semblent sortir de nulle part est intrigante, suffisamment pour donner envie à tout scientifique d'inventer un petit tour à sa façon pour laisser sa trace. En voici un.

VOUS AUREZ BESOIN DE

- Le couvercle plastique d'une boîte de margarine ou de beurre à tartiner
- Un morceau de flanelle
- Du carton
- Du ruban adhésif
- Une paire de ciseaux
- Du poivre
- Un crayon

MÉTHODE

1. Sur le carton, dessiner une lettre, qui fasse à peu près la moitié de la taille du couvercle de la boîte de margarine Elle deviendra un pochoir, préférez donc des lettres comme les E, L ou V plutôt que celles avec des trous au milieu (comme l'O ou le P).

2. Faites en sorte que l'épaisseur du trait de cette lettre soit d'un centimètre de large, puis découpez la forme.

3. Scotchez le pochoir sur l'envers du couvercle plastique.

4. Frottez la lettre formée par le pochoir (le petit bout de plastique qui correspond au pochoir) avec le bout de flanelle pendant environ 10 secondes.

5. Faites bien attention à ne pas toucher le bout que vous venez de frotter, tirez sur le pochoir et enlevez-le.

6. Versez du poivre sur toute la surface du couvercle de sorte qu'il forme une mince couche. Agitez le couvercle de façon à ce que les grains se répartissent bien.

7. Renversez le couvercle de sorte que l'excès de poivre tombe.

8. Retournez le couvercle pour révéler la lettre fantomatique.

LA CAUTION SCIENTIFIQUE

Vous venez de révéler le pouvoir de l'électricité statique qui attire le poivre sur la partie frottée du couvercle de plastique. Bien entendu vous savez pourquoi cela se passe ainsi, mais vos compagnons explorateurs seront-ils au courant ?

ATTENTION !

Frottez bien énergiquement avec votre bout de flanelle ; il est presque impossible de frotter de trop, mais si vous ne le faites pas assez, cela amoindrira l'effet de l'expérience.

Des céréales folles

Tout livre de science se doit de contenir au moins une expérience qui rend les gens fous dès le petit-déjeuner. Avec celle-ci vous aurez la réponse la moins probable qui soit à fournir lorsque votre mère vous demandera de vous dépêcher d'avaler vos céréales : « Mais maman, les céréales ne veulent pas rester dans ma cuillère! » Il vous en faudra peut-être un peu plus pour vous en sortir, alors lisez donc attentivement ce qui suit afin de pouvoir concocter une excuse convaincante.

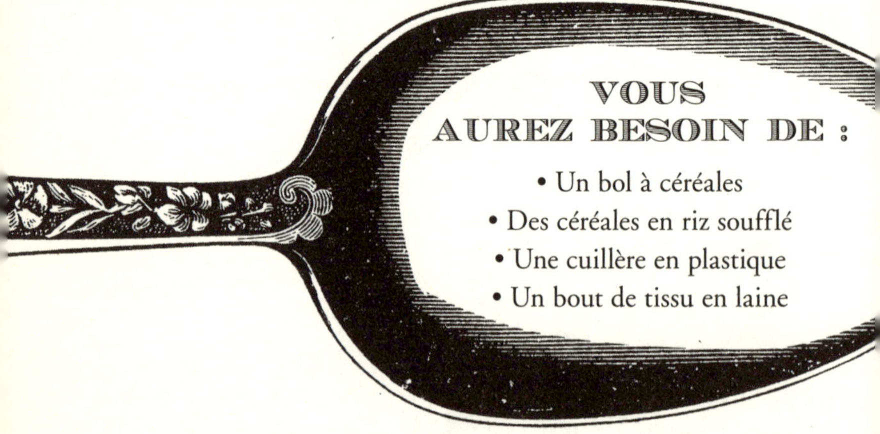

VOUS AUREZ BESOIN DE :

- Un bol à céréales
- Des céréales en riz soufflé
- Une cuillère en plastique
- Un bout de tissu en laine

MÉTHODE

1. Remplissez le bol avec les céréales comme d'habitude, mais n'ajoutez pas le lait.

2. Frottez la cuillère sur la laine pendant environ 15 secondes.

3. Maintenez la cuillère au-dessus du bol.

4. Les quelques céréales en riz soufflé commenceront à danser et rebondir tout autour, filant comme l'éclair hors de la cuillère et se répandant sur la table.

LA CAUTION SCIENTIFIQUE

Se pourrait-il que ce tour-ci devienne le plus populaire de ce livre ? C'est à vous de voir. Bien évidemment, nous explorons une fois de plus le domaine de l'électricité statique. Frotter la cuillère avec la laine lui confère une charge électrique négative. Cette charge, à son tour, attire le riz soufflé jusqu'à ce qu'il touche la cuillère. C'est alors que le riz lui transfère quelques-uns de ses électrons, et quand leur charge est identique à celle de la cuillère, ils sont repoussés.

ATTENTION !

Nettoyez bien tout derrière vous. Même les scientifiques électriciens en herbe savent quand il faut rester bien élevé.

Le savon au micro-onde

Vous pouvez parfois apprendre beaucoup d'un objet en le considérant sous un nouvel angle. Avec cette expérience qui sort des sentiers battus, nous pourrions nous contenter de nous amuser d'un pain de savon « détonnant ». Car, on ne peut en douter, le résultat de cette expérience provoquera des Oh, des Ah et des explosions de rire. Mais au passage, vous pourriez aussi enfin découvrir comment fonctionnent vraiment les micro-ondes.

VOUS AUREZ BESOIN DE :

- Un savon
- Un morceau d'essuie-tout
- Un four à micro-ondes

MÉTHODE

1. Posez le savon sur la feuille d'essuie-tout et mettez l'ensemble au centre du plateau du micro-onde.

2. Faites cuire le savon durant deux minutes à puissance maximum.

3. Laissez refroidir le savon pendant une minute avant de le toucher.

4. Le savon une fois refroidi sera comme gonflé tout en restant bien solide.

LA CAUTION SCIENTIFIQUE

La clé de cette expérience réside dans l'eau, même si elle n'apparaît pas dans les ingrédients. Tous les savons contiennent de l'eau, à la fois dans les composants chimiques du savon mais aussi sous forme de vapeur d'eau dans les minuscules bulles d'air contenues à l'intérieur du savon (la densité de ces bulles peut-être variable d'un savon à l'autre). La chaleur du micro-onde provoque la vaporisation de l'eau qu'il renferme et une augmentation du volume des bulles d'air. Ce faisant, le savon est devenu plus souple et il se gonfle donc du fait de cette augmentation de son volume interne.

ATTENTION !

Les précautions habituelles à respecter lors de l'usage d'un micro-onde s'appliquent évidemment à cette expérience, ce qui veut dire qu'elle doit être réalisée par un adulte. Prenez garde et laissez bien le savon tiédir avant de le toucher.

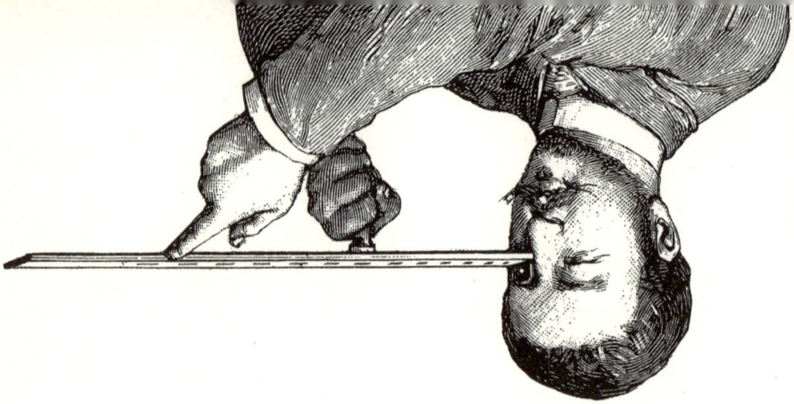

L'ultime frontière

Il est temps de partir un peu au-dessus de vos têtes avec des exploits et des expériences qui contrôlent, ou au moins suivent, les étoiles du firmament. Vous n'aurez sans doute jamais la chance de taper quelques balles de golf avec votre fer n° 6 sur la Lune, comme l'a fait Alan Shepard, mais vous pouvez mettre le Soleil au travail. Pendant que vous y êtes, vous pouvez saisir l'opportunité de créer un mini-système solaire et envisager une petite escapade… à l'énergie solaire, bien sûr.

LE PLUS GRAND DES TERRAINS DE GOLF

On dit souvent que le golf peut rapidement devenir obsessionnel. Est-ce parce que l'instant d'un putt – ou parfois même d'un tir entier – le golfeur peut se sentir l'égal de Tiger Woods ou de Jack Nicklauss ? Ou peut-être est-ce parce que lorsque nos cadres exécutifs stressés arpentent le parcours des 18 trous, ils peuvent enfin se vider la tête, pour quelques heures du moins.

La star hollywoodienne Samuel L Jackson va ainsi jusqu'à exiger des temps de repos pour le golf lorsqu'il négocie ses contrats cinématographiques. Le site web *Golf Punk* et son magazine papier s'adressent à une nouvelle génération de golfeur qui préfère la mode et les objets de brocantes incongrus aux blazers et aux dîners en club. Certains golfeurs ont même envahi la rue – au sens propre – pour profiter du plaisir d'un golf urbain, avec des boîtes de conserves à la place des trous et des passages limités par les gratte-ciel.

Mais le prix de la partie de golf la plus folle jamais jouée revient sans conteste à l'astronaute de la NASA Alan Shepard, le 6 février 1971. Shepard a été le premier homme « américain dans l'espace » en mai 1961, mais son exploit a été rapidement éclipsé, 9 mois plus tard, par le vol en orbite de John Glenn. La mission sur la Lune, Apollo 14, a ainsi redonné un peu de lustre à sa réputation.

On avait beaucoup investi sur le succès d'Apollo 14. La mission précédente, Apollo 13, avait failli tourner à la catastrophe après une série de dysfonctionnements. Les Américains avaient besoin d'un exploit – et un exploit scientifique en l'occurrence – pour justifier les sommes énormes englouties dans le programme spatial. En l'occurrence, Shepard et son collègue Edgar Mitchell ont été au-delà des objectifs initialement visés : ils se sont aventurés plus loin de leur terrain d'alunissage que toutes les missions précédentes. Ils ont passé plus de neuf heures à explorer la surface lunaire et y ont ramassé près de 50 kg d'échantillon rocheux.

C'est sans doute pourquoi personne au poste de contrôle ne s'est formalisé quand Shepard s'est pris une pause juste avant de décoller de la Lune. Il a sorti un fer 6 modifié (rétractable) et 2 balles de golf qu'il avait dissimulés dans son vêtement de cosmonaute. Il les a alors jouées l'une après l'autre et les a regardées partir dans le lointain lunaire – sur « des miles et des miles » comme il s'est exclamé dans son radio transmetteur.

Suivez cette étoile !

Ce livre ne peut se contenter de vous présenter des petits exploits rapides et spectaculaires. Si vous vous tournez vers les cieux, vous devez changer votre échelle de temps : pour obtenir un résultat il faut parfois savoir troquer les minutes pour les années lumière. Cette expérience vous fait en effet découvrir un résultat troublant et remarquable mais elle prend son temps pour s'accomplir : une année terrestre pour être précis. Et quelle étoile vous suivrez tout ce temps ? Notre Soleil évidemment.

VOUS AUREZ BESOIN DE :

- Une étoile voisine (le Soleil est idéal)
- Une surface plate (5 m^2 ou plus) : une pelouse au sol meuble est préférable, mais un espace pavé fera aussi l'affaire
- Un tuteur solide de 80 cm de haut au moins (ou un poteau déjà bien planté dans le terrain d'au moins 50 cm de haut)
- Un maillet
- Un niveau ou un fil à plomb
- Des piquets de tente ou de la peinture
- Une craie ou de la ficelle (au moins 10 m)

MÉTHODE

1. Enfoncez le tuteur dans le sol de façon à ce qu'il tienne bien et ait au moins 50 cm de haut.

2. Utilisez le niveau ou le fil à plomb pour vérifier la verticalité du tuteur.
3. Décidez du type de marqueur que vous utiliserez pour l'année à venir sur la surface. La craie n'est pas le bon choix dans ce cas car les marques vont s'effacer, préférez donc le piquet de tente (sur la pelouse) ou de la peinture (sur des pavés).
4. Repérez où l'ombre du tuteur se forme à midi. Marquez-la avec votre marqueur permanent (piquet ou peinture).
5. Continuez à marquer la position de l'ombre à midi à intervalles réguliers – toutes les semaines ou toutes les quinzaines – durant toute l'année à venir.
6. Ne vous inquiétez pas si vous avez des périodes nuageuses durant lesquelles vous n'avez aucune ombre visible, faites-le quand vous pouvez.
7. Dessinez la forme obtenue en reliant les marques – avec une craie sur le pavé ou en tendant une ficelle entre les piquets.
8. Vous devriez obtenir une jolie figure en 8.

LA CAUTION SCIENTIFIQUE

Cela vous aura peut-être pris un an mais vous aurez réussi à démontrer deux points importants à propos de notre planète. Le long dessin en 8 que vous avez obtenu est appelé un *analemme*. L'écart nord-sud des points est la conséquence de l'inclinaison de l'axe de rotation de la Terre par rapport au plan de l'écliptique : le Soleil (comme l'ombre qu'il induit) paraît alors bouger de haut en bas en fonction des saisons. L'écart est-ouest est la preuve que l'orbite terrestre est elliptique, et non purement circulaire.

ATTENTION !

Vous devrez ignorer les changements d'heure pour cette expérience. En d'autres termes, si vous démarrez votre expérience en hiver (avant que l'on avance les pendules), faites votre lecture à 1h (c'est-à-dire midi, avant que l'on ait changé d'heure) durant l'été.

Un four à énergie solaire

Ces temps-ci, tout le monde parle de préservation de l'environnement et de sauvetage de la planète. Le recyclage, les énergies alternatives et renouvelables – en voilà de bonnes idées. Mais que pouvons nous faire, en tant que simples individus, pour changer nos comportements et contribuer à ce renouveau ? Pourquoi ne pas se tourner vers notre plus proche étoile, pour lui permettre de donner un coup de main dans la cuisine ? Mais attention : vous devrez avoir mangé une pizza avant de pouvoir commencer l'expérience.

VOUS AUREZ BESOIN DE

- Une grande boîte à pizza en carton (celle que l'on vous donne quand vous prenez une pizza à emporter)
- Une feuille de papier aluminium
- Un papier Canson® noir
- Une règle
- Un morceau de plastique rigide et transparent (de préférence laminé)
- De la colle non toxique
- De l'adhésif
- Une paire de ciseaux
- Un feutre à pointe souple

MÉTHODE

1. Dessinez une limite sur le couvercle de la boîte à pizza à environ 3 cm du bord.
2. Coupez soigneusement 3 des 4 côtés, en réservant la limite côté charnière. Ouvrez et fermez plusieurs fois pour marquer le pli.

3. Découpez un morceau de feuille d'aluminium de la même taille que ce rabat : collez-le sur la face intérieure du rabat.
4. Mesurez et découpez un morceau de plastique un peu plus grand que l'ouverture; scotchez ce plastique sur l'envers du couvercle de la boîte, en vérifiant qu'il couvre bien l'ouverture découpée pour que l'ensemble soit bien hermétique. À ce stade, le couvercle de la boîte doit donc avoir une nouvelle fermeture plastique à l'intérieur; le rabat aluminium ouvert sur cette couche de plastique.
5. Découpez un deuxième morceau de papier aluminium et collez-le sur tout l'intérieur de la boîte à pizza.
6. Découpez dans le canson noir pour qu'il s'adapte sur le fond de la boîte. Scotchez-le à la feuille d'alu au fond de la boîte.
7. Orientez votre boîte de façon à ce qu'elle soit ouverte en direction du Soleil.
8. Gardez le rabat ouvert – mais le couvercle de la boîte fermé – pour faire fonctionner votre four.
9. Vous pouvez cuisiner toutes sortes de choses – petits cakes, crêpes et pourquoi pas une autre pizza – du moment qu'ils ne sont pas plus grands que l'ouverture du couvercle.

LA CAUTION SCIENTIFIQUE

Le four fonctionne en concentrant le rayonnement solaire sur son plateau. L'aluminium augmente le nombre de rayons qui entrent dans le four. Ils peuvent traverser le plastique, mais la chaleur reste à l'intérieur. Pour finir – un résultat à dévorer.

ATTENTION !

Gardez en tête que vous avez vraiment construit un four, qui peut monter à une température de 135 °C. Mais il met un certain temps à atteindre cette température. Laissez votre four préchauffer une bonne demi-heure, et prévoyez pour la cuisson le double du temps habituel.

La déviation des rayons lumineux

Que nous dit Einstein au sujet de la courbure des rayons lumineux au cours de leur trajet dans l'espace ? Je crois bien qu'il fait référence à une bouteille, non ? S'il ne le fait pas, il aurait dû, comme vous allez pouvoir le montrer avec cet incroyable tour. Quand tout sera prêt pour l'expérience, assurez-vous d'avoir une obscurité totale dans la pièce pour pouvoir tirer le meilleur de ce spectacle venu d'un autre monde.

VOUS AUREZ BESOIN DE

- Une bouteille vide de 1 L
- Une lampe de poche (avec un embout lumineux d'un diamètre environ égal à la base de la bouteille)
- Une feuille de papier aluminium
- Du ruban adhésif
- Une bassine
- Des spectateurs

MÉTHODE

1. Enveloppez la bouteille d'une feuille de papier aluminium, en laissant le sommet et la base découverte.

2. Si le papier semble un peu lâche, fixez-le avec un bout de ruban adhésif.

3. Remplissez la bouteille d'eau puis refermez bien le bouchon. À cette étape rapprochez-vous de la bassine.
4. Positionnez la lampe de poche de façon à pouvoir éclairer l'intérieur de la bouteille par son fond.
5. Demandez à quelqu'un d'éteindre la lumière et allumez alors la lampe de poche.
6. Inclinez la bouteille de façon à ce qu'elle soit presque parallèle au sol, et débouchez-la.
7. Admirez le jet de lumière aquatique qui sort de la bouteille et coule dans la bassine.

LA CAUTION SCIENTIFIQUE

Cette expérience élémentaire démontre le fonctionnement des fibres optiques, le mécanisme qui permet aux photons (particules de lumière) de glisser dans un tube incurvé de la même façon qu'un bobsleigh dévale les virages lors de sa course. La quantité de lumière qui reste à l'intérieur du tube et la quantité qui est réfléchie à l'extérieur dépendent de l'angle d'entrée de la lumière dans le tube. Dans cette expérience, la lumière de la lampe fait son chemin dans le tube en se reflétant sur le papier d'aluminium. Mieux encore, elle fait corps avec le tube (cette fois réfléchie par la surface de l'eau elle-même) quand elle s'écoule – et se courbe – au sortir de la bouteille ouverte.

ATTENTION !

Cette expérience ne présente aucun danger, mais elle fonctionne mieux avec une lampe puissante de la taille du fond de la bouteille. De cette façon vous pourrez obtenir un flux de photons vraiment spectaculaire avec presque aucune fuite de lumière au niveau de la partie de la bouteille en contact avec la lampe.

La revanche d'Icare

Vraiment charmant ! Ce jeune homme de l'antiquité grecque s'est approché un peu trop près du Soleil, ce qui lui a valu la punition méritée. Et si nous remettions les choses en place, qu'en dites-vous ? Nous pourrions peut-être utiliser ce même Soleil pour nous payer une petite ascension ? Tout ceci n'est-il que du vent ? À vous de voir. Contentez-vous de choisir un beau jour ensoleillé pour faire vos essais en extérieur.

VOUS AUREZ BESOIN DE

- Un grand sac-poubelle noir avec son lien
- Une ficelle
- Un trombone
- Des crayons
- Du papier
- Une paire de ciseaux

MÉTHODE

1. Tout d'abord, fabriquez un faux billet de 50 € (ou tout autre papier important) en découpant un bout de papier et en le colorant avec vos crayons.

2. Tenez le sac-poubelle ouvert des deux mains et remplissez-le d'air en l'agitant d'un geste sec.

3. Fermez-le avec son lien ou avec une ficelle.

4. Coupez un bout de ficelle de 2 m de long et attachez-le à l'extrémité du sac, puis fixez à l'autre extrémité le billet de 50 €.

5. Contentez-vous alors d'attendre. Si la température extérieure est suffisamment chaude, vous verrez bientôt le sac commencer à s'élever dans les airs, emportant avec lui votre argent !

LA CAUTION SCIENTIFIQUE

Le Soleil se charge de tout ici. Ses rayons nous procurent la chaleur, mais la couleur noire du sac lui permet d'absorber encore plus d'énergie. Ceci réchauffera l'air à l'intérieur, qui augmente en volume en même temps qu'il s'échauffe. Mais comme la même quantité d'air occupe maintenant un espace plus important, il perd en densité. Et comme l'air à l'intérieur est moins dense que l'air à l'extérieur, il s'élève dans les airs.

ATTENTION !

Cette expérience est totalement sûre à moins que vous n'abandonniez l'idée du faux billet et ne décidiez d'attacher au sac quelque chose de vraiment précieux.

Cratères d'impact

Tout le monde adore mettre un peu de désordre ici et là. Pourquoi ne pas canaliser cet instinct et l'utiliser à des fins scientifiques et productives ? Cette expérience vous en donne la preuve avec la plus infantile des occupations : le pâté de sable. Ce qu'il nous raconte peut nous aider à faire la lumière sur l'un des mystères de l'Univers. Si vous conservez bien les résultats de cette expérience, vous serez sur la bonne voie pour devenir un maître de la méthode scientifique.

VOUS AUREZ BESOIN DE :

- Un tas de sable (plus il est fin mieux c'est)
- Une balance de cuisine
- Un bloc-notes et un crayon
- Une règle graduée
- 5 objets de taille et de poids différents (par exemple une balle de golf, une balle de tennis, une pièce de marbre et deux cailloux)

MÉTHODE

1. Lissez la surface du tas de sable. Il représentera la surface de Mars ou de la Lune.
2. Pesez chacun des 5 objets et notez cette information sur votre carnet.
3. Mettez-vous debout devant le tas de sable en prenant le premier objet au bout de votre bras tenu à l'horizontal, et laissez-le tomber dans le sable.
4. Mesurez la profondeur et la largeur du cratère qu'il a formé.
5. Notez ces informations sur votre carnet.
6. Réitérez les étapes 3, 4 et 5 pour les autres objets.

LA CAUTION SCIENTIFIQUE

Chacune des dépressions formées est un cratère d'impact. Des morceaux de roche ou de glace se déplacent en permanence dans l'espace en direction de la terre. La plupart d'entre eux brûlent rapidement en pénétrant dans l'atmosphère. Mais Mars a une atmosphère beaucoup plus fine, et la Lune n'en a pas du tout, voilà l'une des raisons pour laquelle leur surface est à ce point criblée de cratères d'impact. Ne perdez pas vos notes concernant les résultats de l'expérience : vous pouvez maintenant rédiger vos conclusions sur ce qui relie la taille, le poids des objets et les caractéristiques des cratères formés. Prochaine étape : la Station Spatiale Internationale.

ATTENTION !

Gardez en tête que tout cela se fait au nom de la science, il ne s'agit pas d'un concours Olympique de lancée de poids. En se contentant de lâcher chaque objet, on les fait tomber à la même vitesse. Si vous commencez à les lancer, vous introduiriez ce que les scientifiques appellent une variable – quelque chose qui serait différent pour chaque lancé. Vous n'aimeriez pas qu'on mette en doute votre réputation de scientifique rigoureux – vous pourriez y perdre des millions lors du financement de vos prochains projets !

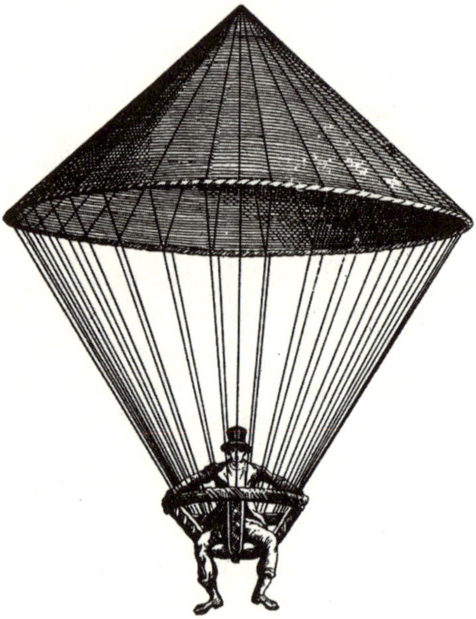

Quelque chose dans l'air

Les politiciens n'ont pas le monopole de l'air pompeux. Les scientifiques aussi peuvent nous en donner pour notre argent ; mieux, ils peuvent tirer grand parti de l'air frais, mais aussi de toute sorte d'autres gaz. Testez les quelques suggestions qui suivent et vous verrez bien ce qu'il en retourne. Bien sûr, ces expériences ne sont pas toutes sans risque et peuvent même être parfois un peu délicates. Mais au moins elles ne vous feront pas atterrir au milieu d'un camp de travail Russe – comme le destin de ce jeune pilote allemand dont le voyage vers la Place Rouge fut un aller simple.

UN ALLER SIMPLE POUR LA PLACE ROUGE

Personne n'en a cru ses oreilles, lorsqu'une nuit de 1987 on apprit qu'un avion privé venu d'Allemagne avait tranquillement survolé le centre de Moscou, bourdonné autour de la tombe de Lénine et s'était même autorisé une halte au pied des murs du Kremlin. Ce qui a rendu cette histoire encore plus incroyable était que le pilote, Mathias Rust, originaire d'Allemagne de l'ouest, n'avait que 19 ans.

Sans doute l'Union Soviétique en 1987 était devenue un endroit moins terrifiant qu'elle ne l'avait été durant les années les plus sombres de la période Stalinienne : dirigée par un premier secrétaire jeune et énergique, Mickaël Gorbatchev, le pays se sortait doucement des pires excès du communisme. La population était plus libre qu'elle ne l'avait jamais été durant des décennies et elle s'autorisait même à l'occasion quelques critiques mesurées du régime en place.

Cependant l'URSS restait fière de sa puissance militaire. Chaque 1er mai était l'occasion d'un défilé des troupes soviétiques sur la place rouge : c'est très exactement l'endroit qu'avait choisi Rust comme terrain d'atterrissage. Ajoutons que les Soviétiques continuaient à ne pas plaisanter quand il s'agissait de la défense de leur territoire contre toute intrusion : en 1983 les soldats avaient abattu un avion de ligne Coréen, qui avait malencontreusement pénétré leur espace aérien. Les 269 personnes à bord avaient été tuées.

Rust avait pourtant réussi grâce à un plan fort simple. Il avait décollé d'Helsinki avec son mono moteur Cessna en disant aux contrôleurs aériens qu'il allait à Stockholm. Puis il avait tourné vers l'Est, éteint toute communication radio et s'était ainsi introduit sur plus de 700 km dans le territoire aérien le plus férocement défendu de la planète.

Il était passé à travers plusieurs zones de contrôle, soit en volant trop bas pour être détecté par les radars, soit en faisant passer son avion pour un appareil de la flotte soviétique en entraînement. Quelques récits avancent même qu'il avait atterri plusieurs fois le long du chemin semant ainsi les poursuivants qui étaient sur ces traces.

Un petit groupe de piétons intrigués avait immédiatement entouré l'avion de Hurst lorsqu'il s'était posé au Kremlin. Il fut arrêté peu après. Le procès de Rust eut lieu en septembre 1987 et il fut condamné à 4 ans de camps de travail. Il y est resté un an, et a été ensuite libéré sur parole avant d'être renvoyé en Allemagne de l'Ouest. Son idée était de promouvoir par cette action la paix entre les peuples. Au bout du compte il fut simplement soulagé de ne pas avoir provoqué une troisième guerre mondiale.

Ne me mets pas la pression

Certaines des démonstrations scientifiques les plus étonnantes peuvent être réalisées sans grands efforts ni équipements de pointe. Cette expérience primordiale met en évidence l'une des plus importantes des forces invisible qui nous entoure. Elle est peut-être bien invisible, mais elle m'empêche de t-i-, t-i-r-e-r, tirer... ce satané sac !

VOUS AUREZ BESOIN DE

- Un saladier en métal ou en porcelaine épaisse (de 25 à 30 cm de diamètre)
- Un élastique résistant
- Un sac plastique (assurez-vous qu'il n'est pas percé)

MÉTHODE

1. Tapissez le fond du bol avec le sac plastique, et retournez sur les bords le plastique qui dépasse.
2. Fixez le plastique qui dépasse sur le bord externe du saladier avec l'élastique.

3. Posez l'assemblage saladier-élastique sur une table ou un plan de travail et demandez à un ami de tirer le sac hors du saladier en le tirant par son centre.

4. Votre ami aura beaucoup de mal – peut-être même devra-t-il renoncer à faire bouger le sac.

LA CAUTION SCIENTIFIQUE

Pour comprendre cette expérience, vous devez garder à l'esprit l'effet de la pression atmosphérique. En fixant le sac au bord externe du saladier, vous avez enfermé un peu d'air entre la paroi du sac et celle du saladier. En tirant sur le sac vous êtes en train d'essayer d'en augmenter le volume, et c'est là que la Loi de Boyle entre en jeu. Si le volume de gaz (dans ce cas, de l'air) dans un système fermé augmente, sa pression diminue. C'est exactement ce qui se passe à l'intérieur du saladier sous le sac. La pression atmosphérique à l'extérieur du sac plastique conserve, elle, la même intensité – s'opposant fortement à toute augmentation du volume de l'air emprisonné.

Le scientifique allemand Otto Von Guericke en fit la démonstration bien avant vous en 1650 : il vida de son air une sphère faite de deux hémisphères de cuivre. Sans l'aide de la pression atmosphérique à l'intérieur de la sphère, deux équipes de chevaux attachées chacune à l'une des deux hémisphères n'ont jamais réussi à les séparer.

ATTENTION !

Collez bien le sac plastique à l'intérieur du saladier de façon à créer la plus grande différence de pression possible. Essayez pour se faire d'obtenir la meilleure adéquation possible entre la taille du sac et celle du saladier.

– Le – verre glissant

Ou doit-on plutôt dire le glisseur en verre ? Non – cela devra attendre un prochain volume, comme « Le rat géant de Sumatra » (dont Sherlock Holmes n'achève jamais l'histoire racontée au Docteur Watson).
Ici en tout cas, pas la peine de chercher plus loin ! Ce petit bijou apporte la touche de magie qui transforme une expérience en souvenir impérissable.
Essayez-la plusieurs fois et vous serez probablement enthousiasmé.

VOUS AUREZ BESOIN DE

- Un plateau plastifié
- Un grand verre en verre
- Une bougie
- Des allumettes
- De l'eau
- Plusieurs petits livres de poche

MÉTHODE

1. Glissez un livre sous l'un des bords du plateau.

2. Humidifiez les bords du verre et posez-le à l'envers sur la partie surélevée du plateau.

3. Le verre restera à l'endroit où vous l'avez posé.

4. Prenez maintenant une bougie allumée et mettez-la à proximités d'un des côtés du verre, sans qu'elle le touche.

5. Le verre commencera à glisser doucement la pente du plateau.

LA CAUTION SCIENTIFIQUE

L'eau autour du rebord du verre crée un joint étanche emprisonnant l'air dans le verre. Quand la bougie réchauffe l'air à l'intérieur, elle en augmente le volume. L'air dilaté pousse le verre vers le haut, de sorte qu'il flotte alors sur le plateau avec une petite couche d'eau qui l'aide à glisser. Le reste se passe d'explication.

ATTENTION !

Au préalable, il est préférable de s'entraîner à réaliser cette expérience seul, afin d'évaluer combien de livres produisent la glissade optimale – mais pas au point que le verre ne dégringole seul sans l'aide de la bougie.

PRENEZ GARDE AUX ALLUMETTES !

Cette expérience nécessite l'usage d'allumettes et doit par conséquent être encadrée par un adulte responsable.

Le Rhombe

Les Aborigènes vivent en Australie depuis plus de 40 000 ans. Ils ont une relation fusionnelle avec leur terre, et certains éléments de la nature – les montagnes, les rivières et même les gros blocs rocheux – sont pour eux sacrés. Ce peuple a inventé des instruments de musique particuliers pour sonner l'alerte lorsqu'un étranger s'approche trop près d'un site sacré. Beaucoup connaissent le son lugubre du didgeridoo. Cette expérience vous permettra de fabriquer un autre instrument aborigène à l'étrange sonorité : le Rhombe. Si vous vous y prenez bien, vous produirez un son qui semblera venir d'un autre monde.

VOUS AUREZ BESOIN DE

- 8 rubans élastiques épais
- Un morceau de carton (d'au moins 35 x 25 cm)
- Une paire de ciseaux
- Un crayon
- Du ruban adhésif

MÉTHODE

1. Mesurez et dessinez une forme ovale (30 cm de long sur 7 cm de large) sur l'un des bords du carton.

2. Coupez cette forme et servez-vous en pour en tracer une autre, exactement identique, sur le carton. Découpez également ce second ovale.

3. Répétez la deuxième étape pour faire un troisième ovale.
4. Serrez les ovales les uns sur les autres et scotchez-les.
5. Utilisez la pointe du ciseau pour faire un trou à travers les trois couches à environ 2-3 cm de l'extrémité étroite de l'ovale.
6. Faites une chaînette avec les élastiques en les nouant ensemble.
7. Faites passer l'une des extrémités des élastiques à travers le trou, puis attachez l'autre extrémité au premier élastique de façon à réaliser une boucle (la chaîne d'élastiques formera alors une large boucle attachée à la forme ovale en carton).
8. Trouvez un endroit un peu vaste et commencez à faire tourner votre Rhombe au-dessus de votre tête : vous entendrez un son inquiétant dans les secondes qui suivent.
9. Si vous voulez produire un résultat encore plus spectaculaire, essayez de faire tourner votre rhombe à l'intérieur d'un tunnel (un passage piéton souterrain par exemple).

LA CAUTION SCIENTIFIQUE

Tandis que vous mettez en rotation vos pales ovoïdes au-dessus de votre tête, elles se mettent à tournoyer de plus en plus rapidement. Ce tournoiement provoque une vibration des molécules d'air qui les entourent. Et puisque ce que nous appelons son est en fait une vibration de l'air, le résultat est ce bruit étrange qui se fait entendre.

ATTENTION !

Les ciseaux devront être utilisés avec précaution. Il est préférable qu'un adulte réalise le trou dans les formes ovales en carton.

Une pompe à balle de ping-pong

Vous êtes au milieu d'une partie de ping-pong serrée avec votre meilleur ami. Le gagnant aura des droits exorbitants durant toute l'année à venir. C'est serré – la position du meneur, comme le match, reste incertaine. Coup droit, revers, revers, lob… smash ! La balle frappe la table pour un coup gagnant et la balle de match est pour vous – au détail prêt que votre adversaire vient de prendre la balle dans sa main. Il vous montre un creux à l'endroit où elle a frappé le bord de la table. « Quel dommage. C'était notre dernière balle. Il semblerait que nous devions remettre cela à une prochaine fois. » Il a sans doute raison. Votre heure de gloire devra attendre.
Mais est-ce si sûr ?

VOUS AUREZ BESOIN DE :

- Une balle de ping-pong cabossée (lire la note ci contre à propos des bosses et des cassures)
- De l'eau chaude (l'eau chaude du robinet devrait suffire)
- Un petit bol mélangeur ou un pot de confiture
- Une petite bouteille en plastique vide, sans son bouchon

MÉTHODE

1. Remplissez le bol ou le pot au 2/3 avec de l'eau chaude.

2. Mettez la balle dans l'eau.

3. Placez la bouteille en plastique tête en bas, avec l'ouverture au contact de la balle qui flotte.

4. Appuyez délicatement sur la bouteille de façon à ce que la balle aille sous l'eau.

5. Gardez la bouteille et la balle en place jusqu'à ce que la bosse disparaisse (cela ne prend habituellement pas plus d'une minute).

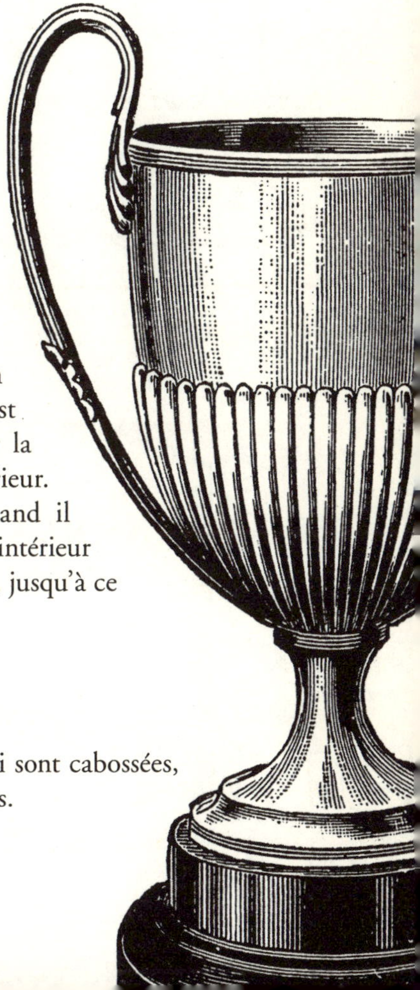

LA CAUTION SCIENTIFIQUE

Vous avez sauvé la journée – et votre chance de gagner le match – avec un principe scientifique de base. L'eau n'est pas assez chaude pour endommager la balle mais elle réchauffe l'air à l'intérieur. Et, bien entendu, l'air se dilate quand il chauffe. Dans notre cas, il pousse l'intérieur de la coque de la balle vers l'extérieur, jusqu'à ce qu'elle retrouve sa forme originelle.

ATTENTION !

Cela ne marche qu'avec des balles qui sont cabossées, pas celles qui sont percées ou craquées.

– Le –
mouchoir fait barrage

Avouez ! Vider un verre d'eau froide sur la tête d'un quidam, c'est plutôt marrant. En fait, sans verre d'eau et tarte à la crème, le monde serait privé du meilleur de ses farces. Mais est-ce si drôle pour la personne sous le verre ? Et voudriez-vous tenter l'affaire au-dessus de la tête de… votre vieille tante par exemple ? Lisez ce qui suit, et voyez comment vous pourriez vous débrouiller pour commettre ce forfait… et y survivre.

VOUS AUREZ BESOIN DE :

- Un verre
- De l'eau
- Un mouchoir en papier
- Une vieille tante

MÉTHODE

1. Remplissez le verre d'eau.

2. Tendez le mouchoir sur l'ouverture du verre, et maintenez le bien serré.

3. Trouvez une tante ou toute autre personne qui veuille bien participer à l'expérience.

4. En continuant à maintenir le mouchoir en place, renversez le verre au-dessus de la tête de votre victime consentante.

5. L'eau ne coule pas.

LA CAUTION SCIENTIFIQUE

Deux forces sont ici en jeu – la pression de l'air et la tension de surface. La pression de l'air s'exerce sur le tissage du mouchoir en papier. Ce tissu, en outre, a été saturé d'eau : il est donc le lieu d'une forte tension de surface. L'air pousse vers le haut mais rencontre la barrière qu'exerce la tension de surface. À condition d'avoir renversé le verre exactement tête en bas, la pression de l'air vers le haut et celle de l'eau vers le bas deviennent négligeables devant l'effet de cette tension de surface. Mais si votre verre fait un petit angle avec la verticale, ou qu'il y a un peu de mou dans le mouchoir, il y aura un peu plus d'eau qui pèsera par endroits – et d'air qui poussera vers le haut à d'autre. Et cela ne peut se finir que d'une seule façon : la douche.

ATTENTION !

Pour plus de sécurité – et vous aider à prendre confiance en vous – il est conseillé de vous entraîner un peu au préalable au-dessus d'une cuvette ou d'une baignoire.

Qui est le dégonflé ?

Cette expérience fonctionne mieux si vous en faites une sorte de défi. L'enjeu est simple : qui sera le premier à gonfler le ballon à l'intérieur de la bouteille ? Prenez à parti votre copain le plus batailleur et lancez-lui le défi. Mais pour être certain de gagner, finissez les étapes 1 à 4 avant d'inviter votre ami à concourir.

• VOUS AUREZ BESOIN DE •

- 2 ballons de baudruche
- 2 bouteilles de 1,5 l de soda en plastique, vides !
- Un couteau pointu ou une paire de ciseaux
- Un volontaire

MÉTHODE

1. Ménager un trou de 1 cm au fond de l'une des bouteilles.

2. Tendez l'ouverture d'un ballon autour de l'ouverture de chaque bouteille.

3. Utilisez votre doigt pour pousser chaque ballon, doucement, à l'intérieur de sa bouteille (en maintenant son extrémité fixée à l'ouverture)

4. Vous devriez avoir maintenant un ballon pendant librement à l'intérieur de chaque bouteille, attaché par son extrémité à l'embouchure.

5. Proposez une course à votre ami pour voir qui, de vous deux, gonflera le plus rapidement le ballon. (Tendez à votre ami la bouteille qui n'a pas de trou, et faites en sorte qu'il ne voit pas le trou dans la vôtre)

6. Soufflez dans les ballons.

7. Le vôtre – à l'intérieur de la bouteille avec un trou – devrait se gonfler sans difficulté. Votre ami, par contre, passera par toutes les couleurs sans jamais parvenir à ses fins !

LA CAUTION SCIENTIFIQUE

Comme la plupart des expériences très réussies, en particulier celles qui laissent les gens sans voix, celle-ci à une explication extrêmement simple. Quand vous gonflez un ballon, il a besoin de se faire sa place pour pouvoir loger cet air en plus. Les molécules d'air de la bouteille percée sont expulsées par le trou, en quantité égale. Les molécules d'air dans l'autre bouteille, par contre, n'ont nulle part où aller, il n'y a donc pas de place laissée au ballon pour se gonfler.

ATTENTION !

Il est préférable qu'un adulte découpe le trou dans la bouteille, car le plastique est solide et vous aurez besoin d'une main à la poigne aussi puissante que sûre d'elle pour le percer.

Gonflé à bloc !

Voici l'occasion de mélanger science et tour de passe-passe – et au passage d'impressionner vos proches, peut-être même de gagner un pari. Ce qui est ici en jeu, mis à part l'occasion de fanfaronner devant un ami sceptique, est de remplir une bouteille d'eau. C'est à peu près comme cela qu'il convient de commencer, ce qui ne sera pas trop dur. « Vous Monsieur, je parie que vous n'y arriverez pas – alors que moi, oui. »

VOUS AUREZ BESOIN DE

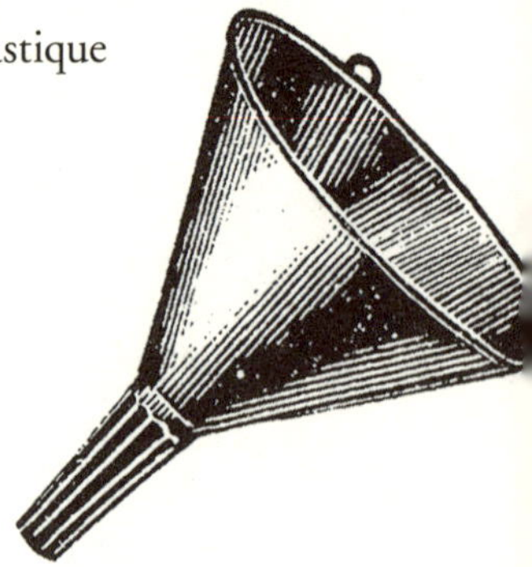

- Une bouteille de 1 l en verre ou en plastique
- Un entonnoir
- Un pichet en plastique
- De la pâte à modeler
- De l'eau
- Une petite épingle
- Un volontaire
- Des témoins

MÉTHODE

1. Remplissez la bouteille au 2/3 avec de l'eau.

2. Introduisez l'entonnoir dans l'embouchure de la bouteille. Il doit y avoir au moins 5 à 8 cm entre le bas de l'entonnoir et la surface de l'eau dans la bouteille.

3. Maintenez l'entonnoir bien en place avec de la pâte à modeler.

4. Remplissez le pichet d'eau et demandez à votre victime d'essayer de remplir la bouteille d'eau.

5. L'entonnoir se remplira sans difficulté, mais votre ami sera dans l'incapacité de faire passer l'eau de l'entonnoir à la bouteille.

6. Voilà maintenant l'astuce : distrayez un moment votre ami et les témoins de la scène et plantez l'épingle dans la pâte à modeler (de façon à ce qu'elle la traverse entre l'embouchure et la partie allongée de l'entonnoir qui est dans la bouteille).

7. Versez doucement un peu plus d'eau à l'intérieur en distrayant votre public par une gestuelle un peu dramatique, et quand tous seront captivés par l'eau en train de se verser, retirez l'épingle.

8. L'eau devrait s'écouler alors à l'intérieur.

LA CAUTION SCIENTIFIQUE

On a le sentiment qu'il n'y a que de l'eau dans cette bouteille, mais en fait il y a autre chose d'autre qui exerce une solide résistance – de l'air. Cet air a rempli l'espace, et, puisqu'il n'a aucun moyen de s'échapper (vous l'en empêchez avec la pâte à modeler), il ne laissera pas l'eau pénétrer. Le trou d'épingle permet à l'air de partir et à l'eau de rentrer.

ATTENTION !

L'épingle, bien évidemment, est l'arme secrète. Tenez-la cachée quelque part – collez-la par exemple à votre boucle de ceinture de sorte à pouvoir la prendre facilement à un moment où tout le monde sera distrait par autre chose. Utilisez une épingle avec une tête suffisamment large pour être facile à retirer une fois que vous l'aurez plantée : il est préférable que vous n'ayez pas à la chercher.

Le poids du monde

L'air, comme l'eau, la crème glacée ou la boue, ont à la fois une masse et un poids. En d'autres termes, on peut les peser au même titre que n'importe quelle autre matière. La masse totale de l'air qui nous entoure – ce qu'afficherait la balance si vous pouviez le peser – est de 5 140 000 000 000 000 000 kg. Et si certains de vos amis ont du mal à croire que l'air soit un poids sur leurs épaules, faites en la démonstration devant eux avec cette expérience.

VOUS AUREZ BESOIN DE :

- 2 ballons de baudruche
- Un rouleau de ficelle
- Une paire de ciseaux
- Une règle ou une baguette de 1 m de long
- Du ruban adhésif
- Une épingle

MÉTHODE

1. Coupez deux morceaux de ruban adhésif d'exactement 2 cm chacun ; gardez-les à proximité.

2. Coupez deux morceaux de ficelle de 40 cm de long.

3. Gonflez les deux ballons jusqu'à ce qu'ils aient exactement le même volume et fermez-les par un nœud.

4. Nouez chacune des ficelles aux nœuds des ballons.

5. Utilisez les bouts de ruban adhésif pour fixer chacune des ficelles à une extrémité du mètre.

6. Tenez votre bras tendu et mettez la règle en équilibre sur l'un vos doigts.

7. Faites exploser l'un des ballons avec l'épingle.

8. Le deuxième ballon tombera emmenant la règle avec lui.

LA CAUTION SCIENTIFIQUE

Lorsque vous gonflez les ballons vous les remplissez d'air – tout le monde sait ça. Mais cela signifie également qu'un ballon gonflé pèse plus lourd à cause de l'air qu'il emprisonne. En explosant le ballon, on libère cet air, et le ballon perd alors son surpoids.

ATTENTION !

Que risquez-vous? Deux choses en réalité. La première est de passer pour un monsieur je-sais-tout avant même de commencer (il pourrait donc être préférable d'oublier les données chiffrées présentées en introduction). La seconde est de passer pour un monsieur-je-sais-tout après avoir réalisé cette petite expérience toute simple. Effacez donc ce sourire narquois sur votre visage – tout de suite!

Surfer sur le ballon

Cette expérience hardie nous vient tout droit d'Australie. Peut-être que quand vous la maîtriserez vous comprendrez pourquoi les *Australiens* sont parmi les meilleurs surfeurs au monde. De Fremontle à Bondi Beach, ces audacieux autochtones de la région de Down Under ont montré leur habileté à conserver leur équilibre sur leurs planches au sommet des plus grosses vagues. S'entraînent-ils hors saison dans leur salon ? Voyez ce que vous en pensez après avoir testé ce petit entraînement.

• VOUS AUREZ BESOIN DE •

- Un morceau de contreplaqué bien solide (un carré d'environ 60 cm de côté)
- Des ballons de baudruche (vous en aurez besoin de quatre, mais ayez en de rechange)
- Un sol avec une moquette ou un tapis
- Un volontaire

MÉTHODE

1. Gonflez à moitié les 4 ballons et fermez-les en les nouant.

2. Mettez les 4 ballons sous le contreplaqué sur le sol.

3. Demandez à votre volontaire de vous tenir le morceau de contreplaqué stable pendant que vous grimpez dessus.

4. Attendez que l'un des ballons explose – ils devraient tous rester indemnes normalement.

LA CAUTION SCIENTIFIQUE

C'est une expérience qui illustre le principe de l'empreinte de l'éléphant : celle-ci est peu profonde car la largeur du pied permet de répartir le poids et de diminuer la pression en chacun des ses points. Cela reste vrai ici. Lorsque vous vous tenez sur la planche de bois, votre poids exerce une pression dirigée vers le bas. Mais les ballons ne sont qu'à moitié gonflés, ils peuvent donc s'écraser et s'aplatir sur le sol – ce faisant ils augmentent la surface sur laquelle s'exerce le poids et en réduisent ainsi l'intensité. De façon curieuse, ils atteignent un point d'équilibre où ils sont suffisamment aplatis pour supporter votre poids – et peut-être pourraient-ils même en supporter davantage.

ATTENTION !

Ne sous-estimez pas l'aspect sportif de l'expérience : c'est vraiment du surf et il est facile de perdre l'équilibre dans une situation telle que celle-là. Gardez vos bras tendus – comme un funambule – pour vous aider à rester debout. Il pourrait d'ailleurs être prudent de débarrasser la zone d'expérience de tout objet fragile.

Une lecture qui pèse

Votre père est-il du genre à installer tout comme il faut – coussins bien gonflés, lampe de lecture en position, repose-pieds à sa place – avant de s'asseoir pour lire son journal ? Comment le prendra-t-il alors lorsqu'il s'apercevra qu'aujourd'hui son édition débute à la page 3 ? Et comment réagira-t-il quand il vous verra étaler la couverture du journal sur la table et l'attaquer avec une règle ? Il paraît indispensable que vous puissiez lui donner quelques explications. À vous de jouer, professeur.

VOUS AUREZ BESOIN DE

- Une page de journal entière (c'est-à-dire, les pages numérotées 1 et 2 par exemple et les deux dernières pages)
- Une règle en bois
- Une table ou un grand plan de travail

MÉTHODE

1. Étalez la feuille de journal bien à plat (avec la pliure sur la face inférieure) sur la table ou le plan de travail.

2. Assurez-vous que le bord du papier est plus ou moins au bord de la table ou du plan de travail.

3. Glissez la règle sous le papier jusqu'à ce qu'il n'y ait plus que 10 cm qui dépassent de la table.

4. Donnez un grand coup avec votre main sur le bout de règle qui dépasse.

5. Plutôt que de partir en l'air, le papier restera bien en place.

LA CAUTION SCIENTIFIQUE

Les scientifiques utilisent l'expression « contre-intuitif » pour décrire les phénomènes qui semblent contredire nos attentes. Et nous nous serions assurément attendus à ce que ce papier tout léger s'envole dans les airs. Mais cette expérience est là pour nous rappeler que nous aurions alors oublié un facteur de poids – la pression de l'air. La force de l'air exercée vers le bas sur une surface suffisamment grande – toute celle de cette double page de journal – est plus importante que celle de la règle qui la pousse vers le haut.

ATTENTION !

Pour une réussite optimale de cette expérience, il est conseillé de prendre la plus grande feuille de journal possible. Ce qu'il vous faut est donc un tirage avec de très grandes pages (en France, le seul journal grand format est *L'Équipe*), plutôt qu'un journal au format tabloïd comme le gratuit *Métro*.

La paille fusée

Nous parlons de paille pour boire, et non de paille à épouvantail, évidemment. Mais même une « paille à boire fusée » peut sembler un peu tiré par les cheveux, à moins de savoir comment maîtriser les lois de la physique newtonienne. Après tout, si le sieur Isaac a pu commencer à construire sa théorie après avoir reçu une pomme sur la tête, pensez un peu ce qu'il aurait échafaudé s'il avait eu une paille en plastique à sa disposition.
Un conseil : il pourrait être plus simple pour trouver une paille de passer au fast-food le plus proche. Bien sûr, pour garder la conscience tranquille vous pouvez toujours acheter quelque chose.

VOUS AUREZ BESOIN DE :

- Deux pailles en plastique (elles doivent être de diamètres différents)
- Une petite bouteille en plastique de 20 cl environ (facile à écraser)
- De la pâte à modeler
- Un morceau de coton hydrophile

MÉTHODE

1. Assurez-vous que la bouteille a bien été rincée.

2. Introduisez la paille la plus fine dans l'ouverture de la bouteille et bouchez le reste de l'ouverture avec de la pâte à modeler.

3. Enfoncez l'une des extrémités de la paille la plus large dans le reste de pâte à modeler pour faire un bouchon. Enlevez la pâte à modeler en excès (en vérifiant que ce qui reste face toujours office de bouchon)

4. Fixez un petit bout de coton à la surface du bouchon de pâte à modeler. Ceci rendra l'extrémité de la fusée un peu moins dangereuse une fois lancée.

5. Glissez la paille la plus large autour de la plus fine. Mettez-la en place doucement (ne l'écrasez pas dans la pâte à modeler) et levez la bouteille en l'air avec la paille pointant vers le haut.

6. Demandez à vos amis de débuter le compte à rebours, et quand ils en sont à zéro, pressez fortement la bouteille.

7. La paille extérieure s'élancera dans les airs.

LA CAUTION SCIENTIFIQUE

Nous vous avions dit que la physique newtonienne était à l'œuvre dans cette expérience – sa troisième loi pour être précis (qui dit que pour toute action il existe une réaction d'intensité égale, de même direction mais de sens opposé). L'action est ici la propulsion de l'air dans la paille la plus fine. Elle exerce une poussée sur le bouchon à l'extrémité de la paille la plus large et provoque une réaction – concentrée sur le petit bouchon de telle sorte que la force est entièrement canalisée vers la propulsion de la paille fusée.

ATTENTION !

Faites attention à bien envoyer la paille vers le haut, et non en pointant quelqu'un autour de vous. Même une paille volante peut être à l'origine d'une blessure.

Une canette pour femmelette

Il y a une scène superbe dans *Les dents de la mer*, où l'on voit Quint, le chasseur de requin, finir sa bière et l'écraser à main nue. Vous pouvez mettre en scène une variation de cet exploit – avec même encore plus d'effet dramatique – en démontrant la puissance extraordinaire de l'eau. Vous n'attraperez peut-être pas le requin, mais vous impressionnerez plus d'un cul-terreux autour de vous.

VOUS AUREZ BESOIN DE

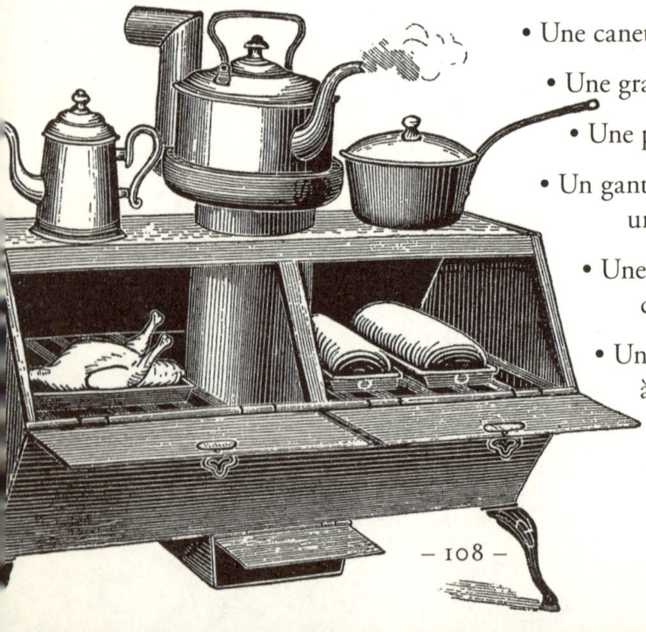

- Une canette vide de 33 cl
- Une grande casserole
- Une poêle à frire
- Un gant de cuisine ou une pince
- Une plaque de cuisson
- Une cuillère à soupe

MÉTHODE

1. Chauffez la poêle à frire sur la plaque de cuisson jusqu'à ce qu'elle soit suffisamment chaude pour cuire.

2. Pendant ce temps, remplissez la casserole de 3 à 4 cm d'eau froide.

3. Versez soigneusement une cuillère à soupe d'eau (15 ml) dans la canette.

4. Utilisez le gant de cuisine (ou la pince) pour poser la canette sur la poêle à frire.

5. Laissez-y la canette pendant environ 10 secondes et utilisez le gant ou la pince pour la transférer vers la casserole.

6. Placez la canette dans la casserole tête en bas.

7. La canette devrait s'écraser rapidement dans un crac retentissant.

LA CAUTION SCIENTIFIQUE

Un grand nombre d'expériences très intéressantes démontre comment l'air se dilate lorsqu'il est chauffé. Cette expérience en donne une version un peu modifiée en portant à ébullition la petite quantité d'eau contenue dans la canette. La cuillère à soupe d'eau passe à l'état de vapeur, gaz qui expulse l'air hors de la canette. En plongeant la canette dans l'eau froide, la température chute et la vapeur redevient de l'eau liquide (un processus appelé condensation). Mais en redevenant liquide l'eau occupe un volume bien moindre… Et comme tout l'air en a été précédemment expulsé, il n'y a plus rien qui contrecarre la pression que l'eau de la casserole exerce sur elle.

ATTENTION !

Puisque l'on utilise ici une plaque de cuisson, une poêle chaude et de l'eau bouillante, cette expérience doit être réalisée par un adulte.

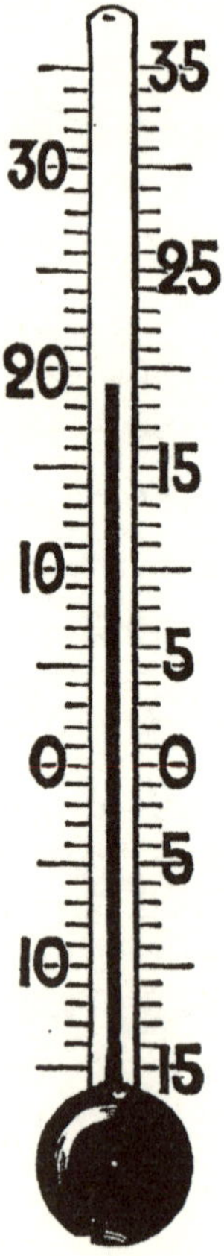
35
30
25
20
15
10
5
0
0
5
10
15

Changement climatique

Nous aimons tous qu'il règne un bon climat. Mais lisez ce qui suit et vous verrez comment le créer – littéralement. Que vous preniez en charge une production de nuages ou que vous alimentiez une fumée hilarante lors d'une réunion de famille, si vous vous lancez dans les expériences de ce chapitre, vous vous prendrez pour le roi du monde. Mieux, vous verrez comment être rassurant peut avoir un effet aussi décoiffant sur les gens que de les inciter à se déchaîner. Posez la question aux services de la météo au sujet de la tempête de 1987… si vous osez.

L'OURAGAN QUI N'EN ÉTAIT PAS UN

Le temps qu'il fait est sans doute l'un des rares sujets qui arrive à faire sortir les Britanniques de leur flegme habituel. Quelques flocons tombant sur les hauteurs deviennent un « blizzard ». Un vent du Nord est immédiatement qualifié de « polaire ». Les quelques rayons de soleil qui passerait sous d'autres cieux pour un astre printanier deviennent ici une canicule. Comment blâmer alors le présentateur de la météo nationale lorsqu'il a tenté de calmer ses auditeurs qui croyaient voir arriver un cyclone ?

C'est pourtant ce qu'a essayé de faire Mickaël Fish lors de son flash météo du 15 octobre 1987. Durant cet après-midi-là une forte tempête avait grossi dans la baie de Biscaye, le long de la côte atlantique française. Elle s'était ensuite dirigée vers le Sud des Îles Britanniques.

C'est à ce moment que les choses ont commencé à prendre une mauvaise tournure. Sans doute les 99 % des téléspectateurs qui ont regardé ce soir-là la BBC se souviennent du commentaire de M. Fish.

Il semblerait qu'un peu plus tôt dans la journée, une téléspectatrice ait appelé la chaîne et leur ait signalé qu'elle avait entendu dire qu'un cyclone se dirigeait vers les côtes britanniques. « Madame, si vous nous écoutez, ne vous inquiétez pas, ce n'est pas le cas. »

Sans doute se souviennent-ils également de la tempête qui a traversé le pays cette nuit-là avec des rafales soufflant à plus de 200 km/h alors que tout le monde avait sagement regagné son lit. 16 personnes sont mortes des suites de l'ouragan, des habitations ont subi de sérieux dommages, d'autres se sont effondrées et certaines ont même été littéralement emportées. Les bateaux se sont échoués sur les côtes de la Manche, des inondations ont ravagé les villes côtières. On a estimé à 15 millions le nombre d'arbres déracinés par cette tempête. Les experts ont par la suite affirmé qu'il s'agissait du pire ouragan qu'avait connu le Sud des Îles Britanniques depuis 1 703.

Ce pauvre Mickaël Fish s'est alors retrouvé associé à la tentative d'apaisement la plus irresponsable depuis qu'Icare s'est brûlé les ailes. Mais avait-il vraiment tort ? À sa décharge, il faut signaler deux points. Tout d'abord au sens strict du mot, la tempête de 1987 ne pouvait pas être qualifiée de cyclone, dans la mesure où elle n'avait pas une origine tropicale, et que la vitesse moyenne de ses vents restait inférieure à 125 km/h. En outre, il avait bien prévenu les téléspectateurs qu'il allait « falloir fermer les écoutilles car une sérieuse tempête approchait ». Son « ne vous inquiétez pas », faisait en fait référence à une nouvelle dont le journal s'était fait l'écho un peu plus tôt à propos d'un cyclone qui s'approchait des côtes de la Floride. Ce cyclone-là n'a bien évidemment jamais effleuré l'Angleterre. Mais le mal était fait.

Fabriquer un front froid

Nous savons tous ce que c'est que d'écouter le bulletin météo et d'être vraiment déçu quand les choses tournent mal et que nos projets tombent à l'eau. Ne serait-il pas merveilleux de pouvoir prédire l'arrivée d'un temps nuageux, ou même de la pluie, à la seconde près ? En fait, cela pourrait être bien plus simple à faire que ce que vous pensez.

VOUS AUREZ BESOIN DE

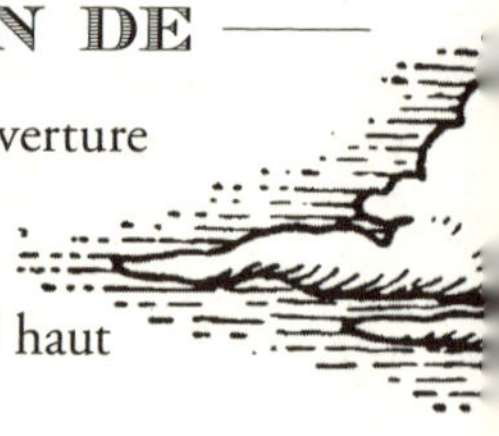

- Un pichet en verre avec une large ouverture
- De l'eau chaude
- Un plat de cuisson en métal à bord haut
- Un bac à glaçons
- Une lampe torche

MÉTHODE

1. Posez le pichet sur le plan de travail et remplissez de 3 cm d'eau chaude.
2. Videz les glaçons dans le plat de cuisson et posez le plat sur l'ouverture du pichet.

3. Éteignez la lumière principale de la pièce.

4. Éclairez avec la lampe torche l'intérieur du pichet pour révéler la formation d'un nuage de brume à l'intérieur.

LA CAUTION SCIENTIFIQUE

Vous venez de créer dans cette expérience un mini-système climatique. L'eau chaude au fond du pichet réchauffe l'air qui s'élève alors. Cet air a capté au passage une partie de l'eau qu'il transporte sous forme de minuscules gouttelettes. Au sommet, par contre, il rencontre la surface froide du plat de cuisson. L'air humide se refroidit alors rapidement, formant un nuage – comme le fait votre respiration chaude et humide lorsque vous expirez un jour de grand froid. Regardez d'un peu plus près et vous verrez que des gouttes d'eau prennent naissance sur le fond du plat et qu'elles sont sur le point de tomber. C'est exactement ce qui se passe quand les gouttes de pluie se forment.

ATTENTION !

Utilisez de l'eau chaude, mais non bouillante, dans cette expérience. L'eau bouillante pourrait provoquer l'explosion du pichet en verre, ce qui pourrait conduire à des coupures et des brûlures.

Retourner à la poussière

Puisque la quasi-totalité des expériences de ce livre laisse supposer que vous avez un petit grain – ou font du moins que l'on vous en accuse. Pourquoi ne pas en faire une qui pointe la folie des autres – que pensez de la mesure de la pollution de l'air pour commencer ? Cette expérience repose sur une méthode qui a fait ses preuves : de la patience et un certain sens de l'irrévérence pour un effet optimal.

VOUS AUREZ BESOIN DE

- Un manche à balai de 1,5 m de long, avec à l'une de ses extrémités une section droite (pas arrondie)
- Une boîte à café vide avec son couvercle en plastique
- Des clous de 3 cm
- Un marteau
- De la vaseline
- Un morceau de carton blanc
- 2 ou 3 briques ou grosses pierres
- Un ouvre-boîtes

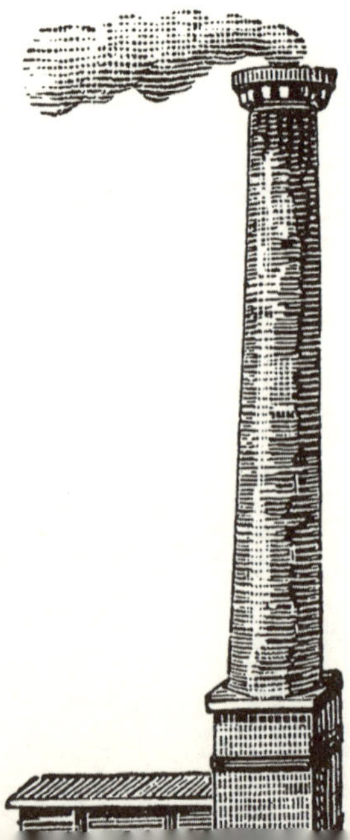

MÉTHODE

1. Enfoncez le manche à balais dans le sol de sorte que son extrémité à section droite soit vers le haut.
2. Avec l'ouvre boîte ouvrez la base de la boîte de café.
3. Clouez avec le marteau le couvercle en plastique sur l'extrémité du manche à balai.
4. Découpez un morceau de carton à peine plus petit que la boîte de café et posez-le sur le couvercle.
5. Enduisez le carton généreusement de vaseline.
6. Emboîtez la boîte à café dans son couvercle (essayez de la poser tête en bas, de sorte que le fond de la boîte que vous avez préalablement ouvert soit au contact du couvercle).
7. Testez la solidité de votre montage. Si nécessaire donnez-lui quelques coups de marteau supplémentaire pour l'enfoncer dans le sol et stabilisez la base avec les briques ou les pierres.
8. Laissez la chose en place durant trois semaines à un mois puis enlevez le carton pour l'observer.

LA CAUTION SCIENTIFIQUE

Les hommes envoient des millions de tonnes de déchets dans l'atmosphère tous les ans. Certains de ces déchets sont rejetés sous forme gazeuse, mais pour la plupart ce sont de minuscules particules solides ou liquides. Les chercheurs en science de l'environnement qui évaluent la pollution, utilisent des équipements spécialisés pour mesurer le nombre de particules retombant du ciel – cette expérience constitue un début modeste à la conception d'études similaires.

ATTENTION !

Essayez de ne pas poser ce collecteur prêt d'un endroit de passage. Un mois c'est long… trop pour ne récolter au final qu'une grenouille morte au fond de votre appareil à mesurer la pollution !

Une tempête... dans une bouteille

L'un des cataclysmes les plus impressionnants sur Terre est sans doute la tornade traversant les champs, aspirant et balayant tout sur son passage. Ne serait-il pas délicieux de pouvoir terroriser un bon coup quelques membres de votre famille ou quelques-uns de vos amis – ceux qui par exemple s'aviseraient de découvrir votre laboratoire secret ? Même si aucune maison n'est susceptible ici d'être happée comme dans le *Magicien d'Oz*, ce sera un premier avertissement qui pourra leur donner le sentiment que votre prochaine expérience pourrait être bien plus terrible.

VOUS AUREZ BESOIN DE

- Une bouteille vide de 2 l
- De l'eau
- Une bassine ou une baignoire
- 1 cuillère à soupe d'huile d'olive

MÉTHODE

1. Remplissez la bouteille presque entièrement avec de l'eau.
2. Ajoutez l'huile d'olive.

3. Gardez une main sur l'ouverture de la bouteille et renversez-la tête en bas sans renverser de liquide.

4. Commencez alors à faire tourner la bouteille avec une vitesse régulière, dans le sens des aiguilles d'une montre.

5. Retirez votre main de l'ouverture mais continuez à tourner ; essayez de tenir la bouteille en maintenant une main à sa base (qui est maintenant en haut), et l'autre près de l'ouverture sans cependant déranger l'observation de l'eau qui s'agite à l'intérieur.

6. L'eau devrait tourbillonner à l'intérieur, et l'huile plus sombre se faire happer par le tourbillon vers le fond.

La caution scientifique

Le tourbillon d'eau à l'intérieur de la bouteille est appelé un vortex, et des versions géantes de ces structures peuvent se former dans certaines tempêtes très violentes qui engendrent des cyclones. Le centre du vortex est une dépression, qui provoque une aspiration de l'air vers le haut. L'air qui part vers le haut permet à la bouteille de se vider plus rapidement : essayez donc de vous souvenir combien la bouteille se vide plus lentement quand vous ne la faites pas tourner. L'huile d'olive est moins dense que l'eau, elle reste donc en surface et est la première à se faire aspirer dans le vortex.

Attention !

Il est évidemment plus sûr d'utiliser une bouteille en plastique plutôt qu'une bouteille en verre, cependant, si vous faites bien attention, vous verrez que la bouteille en verre produit des résultats plus satisfaisants encore. Il est en effet difficile de ne pas écraser une bouteille en plastique lorsqu'on la manipule, et ceci peut diminuer la force du tourbillon.

Prends toujours la météo avec toi

On était dans les années 90 et le groupe néozélandais *Crowded House* chantait dans son tube international *Weather with You* qu'ils emmenaient toujours la météo avec eux – ou plutôt avec vous ? Se pourrait-il qu'ils aient vraiment relaté leurs efforts scientifiques dans une chanson pop ? Même si le titre de cette chanson est en fait une pure coïncidence, vous aurez l'occasion de construire une station météo portative quand vous maîtriserez parfaitement cette expérience.

VOUS AUREZ BESOIN DE

- Un gant en caoutchouc
- Un pot en verre de 3 l avec une large ouverture à pas de vis
- Des allumettes
- De l'eau

MÉTHODE

1. Ajoutez juste ce qu'il faut d'eau pour couvrir le fond du pot.
2. Lâchez une allumette allumée dans le pot.
3. Enfilez le gant et ajustez-le à l'ouverture du pot avec les doigts dirigés vers le fond. Continuez de porter le gant même quand vous l'aurez fixé à l'ouverture du pot.

4. Tirez le gant vers le haut, sans le sortir complètement du pot : faites attention à ce qu'il reste bien accroché au bord du pot.

5. Un nuage opaque se formera aussitôt.

6. Enfoncez le gant de nouveau dans le pot et observez la disparition du nuage.

LA CAUTION SCIENTIFIQUE

L'air à l'intérieur du pot contient de l'eau sous forme vapeur, un gaz incolore. Quand vous tirez sur le gant, l'air se dilate; cette augmentation de volume entraîne également une diminution de température. Et lorsque l'air se refroidit, une partie de la vapeur d'eau se condense sous forme de minuscules gouttelettes d'eau qui se matérialisent par la formation d'un nuage. Lorsque vous ré-enfoncez le gant dans le pot, c'est le contraire qui se passe, réchauffant l'air et provoquant la disparition du nuage qui redevient vapeur.

Pourquoi l'allumette? Les gouttelettes d'eau se forment plus facilement autour des particules de nucléation que contient la fumée de l'allumette. Les fermiers qui attendent désespérément l'arrivée de la pluie devraient de temps en temps essayer « d'ensemencer » les nuages en les vaporisant de neige carbonique depuis des avions.

ATTENTION !

Il n'y a pas de difficultés particulières dans cette expérience, mais faites bien attention à maintenir le gant bien scellé autour de l'ouverture si vous voulez que tout marche comme prévu.

PRENEZ GARDE AUX ALLUMETTES !

Cette expérience nécessite l'usage d'allumettes et doit par conséquent être encadrée par un adulte responsable.

Trouble fête ?

Voilà venue l'occasion d'un petit sabotage. Essayez de penser à un événement qui se déroulerait bientôt et qui serait susceptible d'être assorti d'une décoration faites de nombreux ballons. Une kermesse scolaire, peut-être ? Une fête d'anniversaire ? Maintenant pensez à ce que diront les participants s'ils sont envahis par une forte odeur… d'ail, par exemple :

> Mais il n'y a pas d'ail dans tout ce qu'il y a ici – juste des saucisses, des chips et des gâteaux. D'où cela vient-il ?

Quelle pourrait bien être la source de cette odeur à votre avis ? Lisez ce qui suit et préparez-vous à la surprise.

VOUS AUREZ BESOIN DE

- Un ballon de baudruche
- Une demi-gousse d'ail

MÉTHODE

1. Attendez que tous les ballons de la fête soient en place et assurez-vous que vous en possédez du même type.

2. Mettez l'ail dans le ballon et gonflez-le comme habituellement.

3. Nouez l'extrémité du ballon et ajoutez-le aux décorations, avec son nœud vers le bas (de sorte que la gousse d'ail soit plus difficile à voir).

4. Nettoyez-vous soigneusement les mains de façon à ne pas être repéré immédiatement.

5. Attendez.

6. Au bout d'un moment, une claire odeur d'ail va se répandre dans la pièce.

LA CAUTION SCIENTIFIQUE

Ce que nous sentons est un mélange de gaz et de minuscules particules suspendues dans l'air. L'ail nous fournit les deux, et ces molécules se faufilent au travers des petits pores du ballon lorsqu'il est complètement gonflé. (Cela leur prendrait beaucoup, beaucoup plus de temps si le ballon était dégonflé car le caoutchouc n'aurait pas été tiré suffisamment étiré pour que ses pores soient ouverts)

ATTENTION !

Choisissez bien où, quand et à qui vous voudrez jouer ce tour – et n'accusez pas les auteurs de ce livre. Nous ne sommes là qu'au nom de la science – bien évidemment !

C'est réussi !

Vous aimez cuisiner ? Eh bien en entrée, le prochain chapitre nous propose neuf expériences, pour lesquelles vous devrez faire un tour dans vos frigos et vos garde-manger. Quand on y pense, il n'y a pas de cuisine sans réactions chimiques : songez juste à toutes les manières de cuire un œuf. Mais avez-vous déjà pensé à la manière de plier un œuf ? Poursuivez alors votre lecture pour le découvrir, mais prenez garde à porter des vêtements de protection, pour ne pas vous retrouver comme ces nudistes qui découvrirent à leurs dépens que leur plat à emporter n'était pas bien stable dans leur voiture.

LES MICHES GELÉES

L'engouement pour les streakers (terme emprunté à l'anglais) est né dans les années 70. Ces exhibitionnistes se sont montrés nus dans toute sorte de lieux publics, généralement lors d'événements sportifs, rencontres ou entraînements, retransmis en direct.

En 74, durant la remise des Oscars par exemple, Robert Opel a traversé la scène en faisant le V de la victoire aux millions de téléspectateurs qui regardaient l'émission. Le présentateur, David Niven, est resté un moment sans voix, puis il s'est repris et a dit en plaisantant : « Il est tout de même fascinant de songer que la plus grande joie que cet homme aura connue dans sa vie aura été de montrer ses fesses ! »

La plupart des grands événements sportifs ont connu leurs incidents exhibitionnistes. Deux des épisodes les plus longs se sont déroulés à Twickenham, la Mecque du rugby britannique. L'une des photos les plus célèbres de l'histoire du journalisme sportif montre ainsi la police escortant le jeune Michaël O'Brien hors du terrain – avec le casque de l'un des policiers posé à l'endroit stratégique – durant la rencontre France Angleterre d'avril 1974. Huit ans plus tard, Erica Rose a interrompu la rencontre Angleterre /Australie en traversant le terrain seins nus.

Mais tous les streakers ne choisissent pas de se dénuder devant un aussi large public. Et ce fut le choix d'un trio tout particulièrement malchanceux à Spokane dans l'état de Washington en janvier 2004 : ils ont payé le prix fort pour leur forfait!

Ils sont en effet entrés dans le parking d'une cafétéria à 5 heures du matin. Ils ont laissé tourner le moteur de leur voiture pour pouvoir s'échapper plus vite, sont sortis rapidement dans le petit matin glacial – il faisait ce jour-là -10 °C – et ont fait irruption dans la salle du restaurant en ne portant qu'un chapeau et une paire de chaussures de sport.

Mais, pendant leur brève prestation, l'un des clients en a profité pour sortir : il s'est alors introduit dans leur voiture et il est parti avec!

Quand la police est arrivée sur les lieux quelque temps après, elle a trouvé les 3 jeunes hommes frileusement regroupés, frissonnant derrière l'une des voitures garées. « Je n'ai pas eu le sentiment qu'ils cherchaient à se cacher, ils tentaient juste de dissimuler leur nudité » a rapporté Dick Cottan, l'officier chargé de l'enquête. « On prévient toujours les gens de ne pas laisser leur moteur allumé » ajouta-t-il.

Un modeste pyromane ?

Ce petit bijou d'expérience va réussir à vous réjouir et à vous dérouter dans le même instant. Quel que soit le sens dans lequel vous la prenez, ce qui reste à la fin de l'expérience et également ce qui l'a rendue possible au départ. Qui était là en premier alors… le feu ou la cendre ?

VOUS AUREZ BESOIN DE

- Un morceau de sucre
- Une brique ou tout autre objet non-inflammable de la taille d'un livre.
- Des allumettes
- La cendre d'un poêle ou d'une cheminée.

MÉTHODE

1. Mettez le sucre sur la brique (ou tout autre objet qui ne craint pas le feu)

2. Essayez d'y mettre le feu avec une allumette – cela ne prendra pas.

3. Saupoudrez un peu de cendre sur le sucre et essayez de nouveau.

4. Cette fois, le sucre prend feu facilement et brûlera avec une jolie flamme bleue.

LA CAUTION • SCIENTIFIQUE •

La cendre dans cette expérience est manifestement essentielle. Bien qu'on la retrouve inchangée à la fin de l'expérience, elle fournit une énergie initiale suffisante pour permettre la combustion du morceau de sucre. Les ingrédients qui accélèrent l'avancée d'une réaction sans y prendre part sont appelés des catalyseurs.

• ATTENTION ! •

Faites bien attention à ce que le support non-inflammable de cette expérience soit posé à une distance raisonnable de rideaux, meubles ou tout autre objet domestique qui pourrait s'enflammer.

PRENEZ GARDE • AUX ALLUMETTES ! •

Cette expérience nécessite l'usage d'allumettes et doit par conséquent être encadrée par un adulte responsable.

— Le — glaçon ivre

C'est une expérience idéale à tenter quand des invités sont passés discuter autour d'un verre de whisky. Toute personne qui regardera le verre qui abrite ce glaçon décoiffant commencera à se demander si elle n'a pas déjà trop bu. Mais vous serez là pour leur tendre un bras secourable et leur expliquer comment la science se cache derrière ce tour pendable.

VOUS AUREZ BESOIN DE

- Un verre à whisky
- De l'huile de cuisine
- Un glaçon

MÉTHODE

1. Remplissez le verre avec de l'huile.

2. Ajoutez un glaçon dans le verre.

3. Posez le verre et observez.

4. Le cube de glace commencera à se balancer d'avant en arrière et même descendre et remonter rapidement à la surface sans que personne n'agite le verre.

LA CAUTION SCIENTIFIQUE

La glace et l'huile ont quasiment la même densité, donc initialement le cube de glace reste en place sans bouger sur le liquide, comme il le ferait dans une boisson normale. Mais inévitablement la glace commence à fondre. Et l'eau, elle, est plus dense que la glace (et que l'huile), donc toute goutte d'eau fondue qui se forme sur l'une des faces du cube provoque un basculement du glaçon jusqu'à ce qu'elle tombe au fond. S'il y a assez d'eau qui s'accumule à la surface du glaçon, ce dernier commencera même à couler – et ce jusqu'à ce qu'il se débarrasse de son eau liquide et qu'il retourne à sa densité initiale. Il remonte alors flotter en surface.

ATTENTION !

À part provoquer une certaine irritation chez vos invités, cette expérience ne devrait vous occasionner aucun problème. Même si l'expérience se suffit à elle-même vous pouvez avoir envie de vous faire la main auparavant pour obtenir une couleur de whisky crédible. Essayez de mélanger quelques gouttes de colorant alimentaire avec l'huile pour obtenir une couleur qui fasse illusion.

C'est insipide

Un coup d'œil rapide sur le déroulement de cette expérience pourrait donner le sentiment d'un jeu de colin-maillard. Mais le bandeau sur les yeux n'est ici qu'une précaution supplémentaire. Le cœur de l'expérience réside en fait dans l'insensibilisation d'autres sens, le goût et l'odeur pour être précis. Le résultat est généralement déroutant, même si celui qui servira de cobaye dans cette expérience ne débordera pas d'enthousiasme quand il comprendra le fin mot de l'histoire. C'est une expérience formidable en soi, mais elle devient exceptionnelle si vous réussissez à avoir un cobaye volontaire.

VOUS AUREZ BESOIN DE

- Un oignon (que vous garderez dans une autre pièce, jusqu'à l'étape 4)
- Un couteau
- Un bandeau pour les yeux (un morceau de tissu de couleur foncé d'environ 60 cm de côté, enroulé de façon à pouvoir être noué autour de la tête de quelqu'un)
- Des mouchoirs jetables
- Une pince à linge
- Un volontaire
- Un témoin
- Un morceau de tissu (optionnel)
- Une pince à épiler

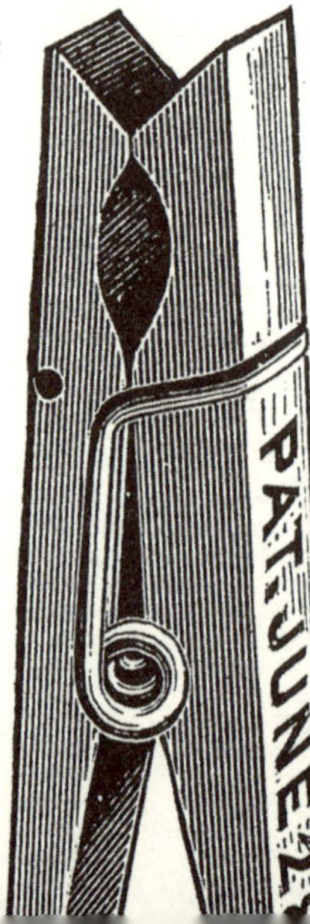

MÉTHODE

1. Tranquillisez votre cobaye : vous ne lui ferez aucun mal. Expliquez-lui que vous allez devoir lui bander les yeux et lui boucher le nez avec une pince à linge – mais que cela ne sera pas douloureux.

2. Posez doucement le bandeau sur ses yeux.

3. Faites bien attention en bouchant le nez de votre volontaire avec la pince à linge ; glissez un morceau de tissu entre le nez et la pince pour amortir si cela commence à faire un peu mal.

4. Allez dans l'autre pièce et découpez un morceau d'oignon de la taille d'environ un demi-timbre poste. Posez-le sur une assiette.

5. Retournez dans la première pièce et demandez au volontaire de tirer la langue.

6. Utilisez la pince à épiler pour déposer l'oignon au milieu de la langue de votre volontaire.

7. Demandez-lui alors d'identifier ce qu'il a sur la langue : il en sera probablement incapable.

8. Retirez la pince à linge qui est sur son nez.

LA CAUTION SCIENTIFIQUE

Cette expérience nous montre combien nous avons besoin de notre odorat pour identifier bon nombre de goûts avec l'acuité nécessaire – vous avez dû rencontrer le même genre de mésaventure avec un rhume qui vous bouche le nez.

ATTENTION !

Il est inutile de serrer le bandeau très fort, assurez-vous simplement qu'il reste en place sur les yeux du volontaire.

Œuf plié

Les recettes invitent souvent les cuisiniers à battre leurs œufs dans le mélange – habituellement quand on prépare une pâte. Bien sûr le mot battre (« fold » en anglais) perd dans ce contexte son sens littéral (plier) – il veut dire ici tourner en coupant le mélange de façon à y incorporer de l'air. Mais imaginez un instant combien il pourrait être drôle de prendre la personne qui lirait ces mots dans une recette au mot, et de plier vraiment l'œuf dans vos mains!

Les lecteurs des *Petites expériences scientifiques complètement déjantées* doivent déjà avoir une idée de ce que nous allons faire dans cette expérience, qui partage un peu de sa magie avec les *œufs à poil*. Mais cette fois nous leur donnerons un petit tour de plus – un faux pli en quelque sorte.

VOUS AUREZ BESOIN DE

- Plusieurs œufs frais (un seul est nécessaire mais vous pourriez avoir besoin d'un ou deux œufs de rechange)
- Une punaise ou une épingle
- Une aiguille longue (de plus de 6 cm de long)
- Du vinaigre
- Un bol
- Un bécher de 400 ml ou un verre doseur

MÉTHODE

1. Faites deux petits trous avec la punaise ou l'épingle aux deux extrémités de l'œuf.

2. Utilisez l'aiguille pour fouiller l'intérieur de l'œuf, agitant et mélangeant blanc et jaune ensemble (vous voulez les transformer en un liquide facile à vider).

3. Soufflez dans l'un des trous de façon à faire couler l'intérieur de l'œuf (le mélange blanc-jaune) dans le bol. Vous pourrez l'utiliser ensuite dans une vraie recette. L'œuf doit être maintenant vide.

4. Posez la coquille vide délicatement dans le bécher et couvrez-la de vinaigre. Vous devrez sans doute la forcer à couler en l'obligeant à rester en bas jusqu'à ce qu'elle soit remplie de liquide.

5. Laissez l'œuf ainsi pendant environ une semaine. Regardez comme de sa coquille se dégagent des petites bulles.

6. Vous aurez besoin que toute la coquille externe soit partie (dissoute), patientez donc jusqu'à ce que vous ne voyiez plus de bulles se former.

7. Sortez l'œuf et rincez-le doucement sous l'eau froide. Il est maintenant comme l'œuf à poil, sauf que cette fois il est vide. Débarrassez-le de son eau et gonflez-le à nouveau comme à l'étape 3.

8. À cette étape de l'expérience un observateur extérieur pourrait croire qu'il s'agit d'un véritable œuf, et donc, quand votre ami vous demandera de le battre (« fold », plier) vous pourrez vous saisir de celui-ci dans la boîte et le plier tout simplement entre votre pouce et votre index.

LA CAUTION SCIENTIFIQUE

Le vinaigre, qui est un acide faible, désorganise la coquille dure de l'œuf faite de carbonate de calcium et nous révèle la couche interne – la membrane coquillière qui sert d'enveloppe au blanc et au jaune. Cette membrane est fragile mais néanmoins suffisamment solide pour pouvoir être manipulée avec délicatesse.

ATTENTION !

Les étapes 1, 2 et 3 sont les plus délicates de l'expérience. Ne vous découragez pas si vous ne les réussissez pas du premier coup. C'est ce à quoi vous serviront les œufs de rechange.

Rouge de confusion

Vous avez déjà montré votre pouvoir d'insensibiliser le goût en bloquant l'odorat (référez-vous à l'expérience précédente, *C'est insipide !*) C'est un tour admirable, mais vous pourriez croire que c'est simplement parce que ces deux sens sont reliés physiquement. Le résultat ne vous a pas étonné plus que cela. De surcroît, le volontaire de cette expérience avait les yeux bandés. Pourquoi ne pas continuer avec une variation sur le même thème, mais cette fois en laissant votre cobaye approcher l'épreuve avec les yeux grands ouverts ? Pourrez-vous lui faire subir ce nouveau tour ?

VOUS AUREZ BESOIN DE :

- Six verres identiques
- Soit six boissons pétillantes de goût différent mais toutes transparentes (comme une limonade) ou de l'eau pétillante aromatisée avec quelques gouttes de six essences différentes (menthe, amande, café…)
- Six colorants alimentaires bien puissants
- Un volontaire

MÉTHODE

1. Remplissez les six verres avec les 6 boissons différentes et alignez-les (notez à quelles boissons correspond chaque verre de façon à pouvoir vérifier les résultats).

2. Demandez au volontaire de toutes les tester et d'essayer de les identifier. Ne lui donnez pas la bonne réponse, mais notez-les.

3. Demandez au volontaire de quitter la pièce ou de se retourner.

4. Remettez les boissons à niveau dans les verres et ajoutez-y quelques gouttes des six colorants différents. Arrangez-vous pour que la couleur de la boisson ne corresponde pas à celle que l'on attend pour ce goût (faites de la limonade bleue, par exemple).

5. Alignez de nouveau les boissons, mais dans un ordre différent cette fois. Et demandez au volontaire de les goûter à nouveau.

6. Confrontez les résultats du volontaire – il y en aura probablement plus d'un qui sera différent.

LA CAUTION SCIENTIFIQUE

Bien que nous n'ayons pas besoin de voir quelque chose pour le goûter, nos yeux peuvent envoyer au cerveau les informations escomptées avant même que nous n'ayons introduit quoi que ce soit dans notre bouche. Les industriels le savent, et c'est pourquoi il y a tant de numéros E qui fleurissent dans la liste des ingrédients : ce sont pour beaucoup des colorants artificiels qui rendent notre nourriture ou nos boissons plus appétissantes.

ATTENTION !

Faites attention à bien utiliser des essences et des colorants alimentaires. Ne les utilisez en outre qu'en très petite quantité (juste quelques gouttes) car ils sont généralement très concentrés.

L'ADN mène l'enquête

« Une banane à moitié mangée a été trouvée près de la porte fracturée du coffre-fort ». Qu'aurait fait Sherlock Holmes de cet indice trouvé dans une banque, sur le lieu d'un cambriolage de plusieurs millions d'euros ? Il aurait sans doute été frustré de ne pouvoir faire le lien entre cette banane et le suspect incarcéré.
Les détectives actuels ont d'autres outils à leur disposition, et l'un d'eux est l'analyse de l'ADN. L'ADN est l'empreinte chimique de tous les êtres vivants – ce qui rend chacun d'eux singulier. Nous laissons tous des traces de notre ADN sur ce que nous touchons ou ce que nous mangeons, la première étape de l'enquête aurait donc été ici l'extraction de l'ADN de la banane mangée par le perceur de coffre. Mais comment fait-on pour y parvenir ? Élémentaire mon cher Watson.

VOUS AUREZ BESOIN DE

- Une banane à moitié mangée
- Un hachoir ou un mixeur
- Du sel
- Une tasse
- De l'eau chaude
- Un tamis
- Du liquide vaisselle
- De l'alcool à brûler
- Un filtre à café
- Un pic à brochette en bois
- Un verre propre
- Une cuillère à café

MÉTHODE

1. Mettez la banane dans le bol du mixeur.

2. Mettez une cuillère à café de sel dans une demi-tasse d'eau chaude.

3. Ajoutez l'eau salée à la banane dans le bol et mixer le tout pendant 1 minute. Rincer la cuillère et la tasse.

4. À travers un tamis, pressez la purée de banane dans la tasse. Appuyez bien le dos de la cuillère contre le maillage du tamis pour pousser les résidus solides au travers.

5. Ajoutez une cuillère à café de liquide vaisselle. Laissez reposer 5 minutes en mélangeant régulièrement.

6. Posez le filtre à café (légèrement mouillé avec de l'eau chaude) au-dessus du verre et versez le mélange à l'intérieur, de sorte que le filtrat coule dans le verre.

7. Versez doucement de l'alcool à brûler sur la paroi du verre jusqu'à avoir une couche de 1 cm sur le dessus du mélange.

8. Une substance blanchâtre en forme de méduse devrait se former à l'interface de l'alcool à brûler et du mélange.

9. Utilisez le pic pour extraire un peu de ce matériel (de l'ADN) ; avec un peu de chance, vous serez capable de remonter un filament d'ADN au bout de ce pic.

LA CAUTION SCIENTIFIQUE

L'ADN, comme beaucoup d'autres molécules, est stocké à l'intérieur des cellules. En mixant la banane, on brise les barrières cellulaires ; enfin, le liquide vaisselle aide à désorganiser d'autres molécules qui enferment l'ADN à l'intérieur de la cellule. L'ADN est soluble dans les solutions salines, mais pas dans l'alcool. La méduse qui se forme à la fin de l'expérience est de l'ADN qui a précipité au contact de l'alcool.

ATTENTION !

Assurez qu'un adulte sera là pour manipuler et verser l'alcool à brûler.

Un plat anti-adhésif ?

Au cas où vous feriez les expériences de ce livre dans l'ordre où elles y sont consignées, vous aurez sans doute besoin d'un peu de distraction après vos efforts d'investigation dans l'extraction d'ADN (voir ci-avant). Que pensez d'un petit quelque chose de drôle, d'instructif, de stimulant… et de rapide ? Au passage vous pourriez peut-être reprendre un peu d'ascendant sur un ami fanfaron et un peu trop fier de ses muscles.
Si vous avez l'intention d'en faire un tour de magie, faites les étapes 1 à 3 avant l'arrivée de vos amis.

VOUS AUREZ BESOIN DE

- Une surface parfaitement lisse (du formica, du vinyle ou même du marbre feront l'affaire)
- Un plat qui va au four à hauts rebords
- De l'eau
- Un torchon

MÉTHODE

1. Versez de l'eau (environ l'équivalent de la moitié de la surface du plat) sur le plan de travail.

2. Étalez-la de façon à ce qu'elle corresponde à la forme de la base du plat. Ajoutez un peu d'eau pour être sûr que tout le dessous du plat soit humide si vous le posez dessus.

3. Posez le plat sur cette flaque et séchez bien ce qui dépasse.

4. Faites semblant de lire une recette et demandez à votre ami de soulever le plat précautionneusement, pour voir combien il pèse (laissez-le se demander pourquoi vous avez besoin de cette information).

5. Regardez son visage passer par une série d'expressions incrédules… le plat lui semblera collé au plan de travail.

LA CAUTION SCIENTIFIQUE

Un principe scientifique appelé adhésion fait paraître l'eau collante (ayez en mémoire les propriétés collantes du ruban adhésif). Cette force adhésive peut atteindre 200 fois celle de la pression atmosphérique, dont nous connaissons maintenant le pouvoir grâce à de nombreuses expériences de ce livre.

ATTENTION !

N'essayez pas de provoquer quelqu'un de trop fort. Il pourrait le prendre vraiment mal.

Le poivre d'escampette

De temps en temps les scientifiques ont besoin de montrer aux autres qui est le chef. C'est dans la nature humaine. Voilà une occasion de montrer à votre famille et à vos amis pourquoi vous n'avez pas vraiment besoin de vous soumettre à toutes les règles – mettre le linge sale dans le panier à linge, faire votre lit, et toutes ces petites corvées quotidiennes. Pourquoi ? Mais simplement parce que vous pouvez leur faire la démonstration que les objets domestiques vous obéissent au doigt et à l'œil.

VOUS AUREZ BESOIN DE

- Un petit bol mélangeur ou un bol à céréales
- Du poivre
- De l'eau
- Un peu de liquide vaisselle

MÉTHODE

1. Remplissez le bol avec de l'eau.

2. Saupoudrez un peu de poivre en surface, principalement au centre.

3. Déposez un peu de liquide de vaisselle au bout de votre doigt (cachez cette étape si vous transformez cette expérience en tour de magie).

4. Criez « dégagez » ou « disparaissez » aux grains de poivre, et plongez le bout de votre doigt au milieu du bol.

5. Le poivre s'enfuira du contact avec votre doigt vers les bords du bol.

LA CAUTION SCIENTIFIQUE

Les molécules d'eau s'attirent fortement l'une vers l'autre, mais un peu de savon est capable de rompre toutes ces liaisons. Le savon chasse les molécules d'eau et s'installe entre elles. Cependant, comme les molécules au bord du bol ne sont pas encore atteintes par le savon, elles sont encore suffisamment fortes pour attirer vers elles les molécules d'eau qui portent le poivre.

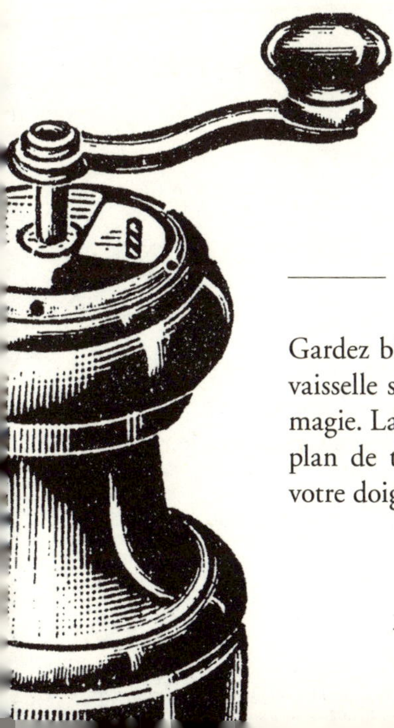

ATTENTION !

Gardez bien secrète votre cache de liquide vaisselle si vous voulez en faire un tour de magie. Laissez en juste une goutte sur votre plan de travail et trempez-y discrètement votre doigt juste après l'étape 2.

Le grain de raisin luminescent

Pressé par le temps et désireux de faire la démonstration de votre pouvoir de magicien ? Essayez donc cette expérience spectaculaire, qui produira un résultat lumineux en quelques secondes. Le matériel ne pourrait pas être plus simple, mais vous feriez bien de potasser vos cours d'électromagnétisme si vous voulez pouvoir donner une explication satisfaisante à cette petite « illumination » culinaire.

VOUS AUREZ BESOIN DE

- Un four à micro-onde
- Un grain de raisin sans pépin
- Un couteau pointu
- Un plat à micro-onde

MÉTHODE

1. Coupez un grain de raisin en deux, en laissant un petit bout de peau pour faire tenir les deux moitiés ensemble. Mettez les deux demi-grains sur un plat à micro-onde et placez le tout dans le four.
2. Si la plaque du four tourne, placez le grain bien au centre.
3. Réglez le four sur puissance maximale pour une durée de 10 secondes.

4. Au bout d'à peine cinq secondes, une lumière éclatante (ainsi qu'un Bzz bien net) se manifestera au point de contact entre les deux moitiés du grain de raisin.

5. Après quelques secondes de plus, le grain de raisin émettra des étincelles et un arc ou un nuage de lumière s'en dégagera. Puis l'ensemble disparaîtra.

— LA CAUTION SCIENTIFIQUE —

Bien que cette expérience soit l'une des plus simples de ce livre à mettre en œuvre, l'explication scientifique est probablement la plus longue et la plus compliquée. Pour faire court, voilà ce que nous dit la science :

Pour commencer, notez que la pulpe des grains de raisins est un assez bon conducteur. Ce qui veut dire que lorsque le micro-onde se met en marche, il ne se contente pas de faire chauffer l'eau à l'intérieur du grain mais provoque également une migration de charges électriques d'une des moitiés du grain vers l'autre à travers le petit « pont » de peau. Ce courant électrique libère de l'énergie quand il circule, donc le pont devient très chaud, jusqu'à éventuellement s'enflammer.

Comme un courant électrique s'échappe à travers cette flamme, il ionise (arrache des électrons) les gaz qui l'entourent. À cette étape, les gaz (la flamme) conduisent de l'électricité ; ils produisent alors un arc de lumière ou un nuage, un effet semblable aux feux de St Elme que les marins observent aux extrémités des mâts de leurs bateaux lorsque le temps tourne à l'orage.

L'effet s'évanouit spontanément lorsque toute l'eau du grain de raisin s'est évaporée, épuisant le flux de charges, ou lorsque le minuteur du micro-onde s'arrête.

— ATTENTION ! —

Attention : cette expérience pourrait, dans certaines circonstances, endommager votre micro-onde.

Élargissons les champs

La plupart du temps quand nous abordons à l'école les sujets scientifiques, ils nous sont présentés de façon très cloisonnée. Les laboratoires de chimie sont pleins de Bec Bunsen, de tubes à essai, d'étranges mélanges de liquides bouillonnants et d'étudiants qui essaient de déterminer vers quelle couleur va virer un bout de papier. Les départements de Biologie et de Physique ont également leur aspect bien à eux, celui-ci avec ses schémas de cellules végétales, celui-là avec ses plans inclinés et ses chronomètres. Mais dans la vraie vie, vous ne pouvez pas toujours faire rentrer les choses dans des tiroirs. Pas plus que vous ne pourrez les ranger sur une étagère, à moins d'en créer une marquée « chaos ».

Le pont des Smoots

Le pont Harvard enjambe la rivière Charles dans le Massachusetts à son point le plus large, là où elle forme un bassin qui sert de base nautique aux voiliers et aux avirons. Sur l'une des rives se trouve Boston, charmant décor mêlant classicisme et modernité ; sur l'autre, la ville indépendante de Cambridge, qui héberge deux des plus prestigieuses universités du monde, Harvard et le MIT, Massachusetts Institute of Technology.

Ce pont faiblement élevé au-dessus du fleuve offre un point de vue exceptionnel sur les deux villes, mais c'est surtout le chemin le plus court pour les étudiants lorsqu'ils reviennent de soirées passées à Boston. Reste sa longueur : lorsque le retour des étudiants vers leurs pénates se fait dans le froid glacial d'une tempête de neige, la traversée peut paraître interminable. Si seulement ces piétons avaient quelques repères pour les soutenir dans leur progression.

À cette fin – tracer des repères peints à intervalles réguliers sur le trottoir du pont – les étudiants du MIT décidèrent d'inventer une nouvelle unité de mesure en 1958. Oliver Smoot, un étudiant de première année, a été choisi pour mesurer le pont. Plus précisément on l'a utilisé pour le mesurer. Lors d'un bizutage, Oliver Smoot dut s'allonger sur le pont, laissant ses compagnons marquer sa position, puis se lever et recommencer. Rapidement, l'exercice étant épuisant, il fut porté par ses compagnons à chaque nouvelle position. Smoot a été choisi car son nom avait une consonance « scientifique », comme Watt ou Amp. Des étudiants volontaires ont par la suite peint des marques colorées tous les 10 Smoots.

Tout cela serait de l'histoire ancienne si le Département des travaux publics du Massachusetts ne s'en était mêlé en 1987, en voulant remplacer le béton du trottoir par un revêtement non peint. Il y eut une plainte déposée dans la presse locale, relayée par la police de Cambridge (qui prétendit utiliser les Smoots comme unités de référence pour repérer les accidents sur le pont). Finalement, les plaques de béton ont bien été remplacées mais en les cotant à intervalles de 1 Smoot plutôt que des 6 pieds de long usuel (1 m 83).

Encore aujourd'hui, les étudiants du MIT continuent de repeindre les repères tous les 10 Smoots jusqu'au bout du pont, sur la rive de Cambridge, où il est indiqué 364.4 Smoots et une oreille ! Et qu'est devenu Smoot ? Et bien, il a pris en 2005 sa retraite de L'American National Standard Institute, qui décide des unités officielles pour l'industrie américaine.

Des molécules cinglées

Cette expérience est délicieusement simple et pourra être mise en scène comme un jeu de devinette ou un pari devant un public de jeunes enfants. Mais avant de sourire avec un petit air supérieur devant la perplexité de ces jeunes têtes blondes, vous feriez bien de vous rappeler que ce genre de petites expériences a beaucoup fait pour la compréhension de la science actuelle. Depuis le milieu du XVIe siècle, les plus grands noms de la physique – tel que Robert Boyle, Antoine Lavoisier ou John Dalton – ont consacré leur vie à ce champ de recherche. Il ne vous reste plus qu'à utiliser les résultats de leurs travaux et à en récolter les lauriers – et les gains !

VOUS AUREZ BESOIN DE

- 2 petits bols mélangeurs
- De l'eau chaude
- De l'eau froide
- Un colorant alimentaire
- Un public de jeunes enfants

MÉTHODE

1. Remplissez un bol avec de l'eau chaude, et l'autre avec de l'eau froide.

2. Posez ces deux bols l'un à côté de l'autre.

3. Demandez à vos spectateurs de prévoir ce qui va se passer si vous ajoutez une goutte de colorant alimentaire dans chacun des bols.

4. Pariez avec le premier qui affirmera « que les choses se dérouleront de la même façon dans les 2 bols ».

5. Ajoutez une goutte de colorant alimentaire dans chaque bol.

6. Observez avec quelle rapidité le colorant se répand dans le bol d'eau chaude alors qu'il reste en goutte dans le bol d'eau froide.

7. Ramassez vos gains.

LA CAUTION SCIENTIFIQUE

Quand un milieu s'échauffe, les molécules qui le constituent sont excitées et s'agitent davantage. Ce qui veut dire que dans l'eau chaude les molécules sont plus mobiles que dans l'eau froide, c'est pourquoi elles dispersent rapidement le colorant dans tout le volume du bol. Mais c'est en fait l'autre aspect – découvrir si l'on peut déterminer un point critique à partir duquel les milieux deviennent si froids que plus rien ne bouge – qui a occupé les plus grands scientifiques. Et en effet, cette limite existe : c'est le zéro absolu (- 273 °Celsius).

ATTENTION !

Faites attention à ce qu'aucun des enfants de l'assistance ne trempe sa main dans le bol d'eau chaude.

Une casserole en papier

Qui de sensé aurait l'idée saugrenue de cuisiner avec un récipient en carton posé sur une flamme ? Un cuisinier totalement déjanté, sans aucun doute. Demandez donc à quelques amis. Mais posez-leur aussi une autre question : croyez-vous qu'il serait possible de faire bouillir de l'eau dans une tasse en carton posée au-dessus d'une flamme ? Voici une démonstration qui fera taire les plus sceptiques.

VOUS AUREZ BESOIN DE :

- Une tasse en carton (en carton non paraffiné)
- 8 briques en argile rouge
- 60 cm de ficelle
- De l'eau
- Une petite bougie
- Une fourchette ou un couteau (pour percer des trous dans la tasse)
- Des allumettes ou un briquet

MÉTHODE

1. Percez deux trous symétriques aux deux extrémités des bords de la tasse.
2. Enfilez la ficelle à travers ces trous de part et d'autre de la tasse, de façon à laisser une longueur égale de chaque côté.
3. Construisez deux piles de briques écartées d'environ 40 cm.
4. Suspendez la tasse entre ces deux piles en coinçant les deux bouts de la ficelle entre la troisième et la quatrième brique de chaque pile.

5. Faites un nœud au bout des deux extrémités de la ficelle à l'extérieur des piles de façon à ce qu'elle reste tendue.

6. Mettez la bougie en place sous la tasse : sa mèche doit être à une distance d'environ 5 cm du fond de la tasse.

7. Remplissez la tasse au ¾ d'eau.

8. Allumez la bougie.

9. L'eau va chauffer, et même entrer en ébullition, mais le carton de la tasse ne prendra pas feu

LA CAUTION SCIENTIFIQUE

Pour que du papier – ou n'importe quel autre matériau – brûle, il faut qu'il atteigne sa température de combustion, ou point d'inflammation. Pour faire simple, disons que c'est la température la plus basse à partir de laquelle un solide d'une nature donnée peut s'enflammer spontanément. La flamme d'une bougie apporte normalement la chaleur suffisante pour que le carton prenne feu, mais l'eau emmagasine ici cette chaleur communiquée au carton, et elle le maintient en dessous de son point d'inflammation bien avant que l'eau n'ait atteint sa température d'ébullition.

ATTENTION !

Cette expérience repose sur le passage de la chaleur du carton vers l'eau. C'est la raison pour laquelle il ne faut surtout pas utiliser une tasse en carton paraffiné. Pourquoi ? Parce que la paraffine a la même aptitude à emmagasiner la chaleur que l'eau, mais elle le ferait ici dans un volume infiniment plus faible… et augmenterait ainsi le risque que le papier ne s'enflamme.

PRENEZ GARDE AUX ALLUMETTES !

Cette expérience nécessite l'usage d'allumettes et doit par conséquent être encadrée par un adulte responsable.

— Le — béćher invisible

Cette expérience est – osons le mot – immanquable. À tous les coups, elle fait son effet. Autant dire qu'il vous faut absolument un public. Comment quelqu'un pourrait-il faire disparaître un bécher dans un autre bécher ? Le plus petit bécher a bien été placé dans le plus grand : pourtant, on ne le voit plus. Mmmh...

Vous aurez besoin de

- Un bécher cylindrique de 400 ml
- Un bécher cylindrique de 250 ml
- Une bouteille de glycérine (vendue dans le commerce pour adoucir la gorge par exemple)

MÉTHODE

1. Mettez le petit bécher dans le grand.

2. Montrez les deux béchers à votre public (le plus petit bécher doit être nettement visible).

3. Remplissez maintenant l'espace entre les deux béchers avec de la glycérine.

4. Le plus petit des deux béchers disparaîtra.

LA CAUTION SCIENTIFIQUE

Cette expérience porte sur la réfraction. C'est le phénomène de déviation d'une onde lumineuse lorsqu'elle traverse différents milieux. La réfraction d'une onde peut être mesurée, et le résultat nous donne l'indice de réfraction du milieu. La glycérine et le verre ont des indices de réfraction très proches, ce qui veut dire que la lumière qui traverse le verre continuera son trajet dans la glycérine sans être déviée. Le même tour ne fonctionnerait pas avec de l'eau entre les deux béchers, en effet son indice de réfraction est trop différent de celui du verre – ce qui rend le deuxième bécher clairement visible. Comme c'était le cas avec l'air, avant que vous n'ajoutiez la glycérine.

ATTENTION !

Utilisez bien des béchers de forme cylindrique, et non les erlenmeyers qui ont une forme en entonnoir.

Le cocktail de Dracula

« Juste une gorgée de ce merveilleux breuvage et je crois que je pourrais m'endormir pour l'éternité ». Il se pourrait que vous vous preniez pour Dracula en personne lorsque vous proférerez ces mots après avoir réussi à réaliser vous-même ce petit exploit sanglant. Il est finalement assez amusant d'essayer de concocter, en utilisant vos fonds de placards, un menu de vampire ; mais ce sera encore plus drôle si, poussant la chose un peu plus loin, vous avalez vraiment le contenu du gobelet. Ah ! Je crois qu'il est temps de m'en prendre encore une lampée.

- Un bol mélangeur
- 150 ml de sirop de glucose
- 50 ml d'eau
- 5 cuillères à soupe de maïzena
- 4-5 cuillères à café de colorant alimentaire de couleur rouge
- 2-3 gouttes de colorant vert
- Un verre à pied (facultatif)

MÉTHODE

1. Mélangez bien la maïzena avec l'eau.

2. Ajoutez le sirop de glucose et remuez bien le tout.

3. Incorporez alors les 3 cuillères à café de colorant rouge.

4. Ajoutez enfin 2 gouttes de colorant vert.

5. Vérifiez la couleur de votre « sang » à la lumière : s'il est trop clair, ajoutez 1 ou 2 cuillères à café supplémentaires de colorant rouge.

6. Si l'ensemble paraît trop rose, ajoutez une goutte de colorant vert.

7. Le « sang » est prêt. Vous pouvez vous en verser dans le verre à pied et déguster votre cocktail Dracula.

LA CAUTION SCIENTIFIQUE

Aucun mystère de la science n'est caché là dessous; simplement des produits du placard mélangés pour obtenir la couleur et la consistance désirée pour mimer du sang. Gardez en tête que celui-ci est dans la réalité un peu plus sombre (brun) que vous ne l'imaginez, il serait donc vain d'essayer de concocter un liquide d'un rouge pur.

ATTENTION !

Vous aurez déjà assez à faire avec des questions du genre « Mais pourquoi y a-t-il du sang partout ici ? », ne vous compliquez donc pas davantage la vie en tâchant les meubles ou vos vêtements.

– La –
balance se balance

Sans doute peut-on affirmer ici en pesant nos mots, qu'il s'agit de l'expérience la plus fascinante qu'il vous sera donné de réaliser. De surcroît, elle est faite pour être mise en scène devant un public. Et comme un véritable champion de boxe, vous obtiendrez le KO d'un seul droite-gauche. Le premier coup est « la fusion » de deux fourchettes en équilibre sur un cure-dent. Mais le KO est obtenu quand en réduisant votre cure-dent en fumée vous ferez pratiquement tenir vos fourchettes dans le vide.

VOUS AUREZ BESOIN DE

- Deux fourchettes
- Un cure-dent
- Des allumettes
- Un verre à fond lourd

MÉTHODE

1. Reliez les fourchettes ensemble en entremêlant leurs dents.
2. Les manches devront pointer deux directions opposées, sans former une ligne droite (plutôt un V large).

3. Insérez le cure-dent au centre des dents, à la jonction entre les deux fourchettes jusqu'à ce que 5-10 mm dépassent aux dos des fourchettes.

4. Faites tenir le montage fourchettes/cure-dent sur le bord d'un verre. Là aussi il faut un peu d'entraînement, mais cela reste faisable. Le sommet du V formé par les fourchettes est suspendu à l'extérieur du verre avec les deux manches pendant vers le verre. À peu près la moitié du cure-dent doit être au-dessus de l'intérieur du verre.

5. Allumez l'extrémité du cure-dent qui est à l'intérieur du verre.

6. Le cure-dent brûlera jusqu'au bord du verre.

7. Il ne reste pas de cure-dent au-dessus du verre, mais les fourchettes tiennent toujours en équilibre.

LA CAUTION SCIENTIFIQUE

Cet étrange montage qui défie la gravité repose sur la notion de centre de gravité. Songez à la façon dont un funambule garde son équilibre sur son fil tout en haut du chapiteau. Son salut tient dans le fait qu'il avance en tenant dans ses mains une longue perche qui lui sert de balancier. Le montage des deux fourchettes, plus que le cure-dent, agit ici comme le balancier du funambule – leur permettant de conserver leur équilibre au moment le plus inattendu. Même lorsque le cure-dent a pratiquement entièrement brûlé, il reste un petit point sur lequel repose l'assemblage. Pourquoi la combustion cesse lorsqu'elle atteint le bord du verre ? Probablement parce que le verre absorbe une partie de la chaleur et abaisse sa température.

PRENEZ GARDE AUX ALLUMETTES !

Cette expérience nécessite l'usage d'allumettes et doit par conséquent être encadrée par un adulte responsable.

Le doigt du destin

Êtes-vous encore une fois à la recherche d'une de ces petites démonstrations rapides sur « l'ordre naturel des choses » ? Un de ces petits trucs qui vous permette de faire vite fait la preuve de vos supers pouvoirs – ou pourquoi pas de votre force surhumaine ? Alors lisez ce qui suit. Et tant que nous y sommes, à propos d'ordre : ne vous levez pas avant mon signal. Est-ce bien clair ?

VOUS AUREZ BESOIN DE

- Un témoin volontaire
- Une chaise avec dossier

MÉTHODE

1. Faites asseoir votre ami sur la chaise avec la pose qui convient – la tête en arrière et le menton vers le haut.

2. Mettez votre index pointé sur son front et appuyez doucement mais avec fermeté.

3. Demandez à votre ami de se lever.

4. Il sera dans l'incapacité de se mettre debout, et même de se mettre réellement en mouvement.

LA CAUTION SCIENTIFIQUE

Il se peut que vous ayez de vrais supers pouvoirs ou une force surhumaine, mais vous n'en avez pas besoin dans cette expérience. Tout est fondé ici sur le centre de gravité, ou plus précisément sur le barycentre. C'est dire le point d'un solide au niveau duquel semble concentré tout son poids (encore un des secrets des funambules). Le centre de gravité d'une personne assise se trouve au niveau de la chaise. Pour réussir à se lever, cette personne doit donc mettre son centre de gravité en mouvement de sorte qu'elle le déplace vers ses pieds. Et la première étape de ce processus est un mouvement de la tête vers l'avant. Même la faible pression exercée par votre doigt est suffisante pour s'y opposer, l'empêchant de s'extraire de la chaise et de se lever. Votre ami restera sur son séant.

ATTENTION !

Il n'y a ici aucun danger – nous nous contenterons une fois de plus de vous recommander de ne pas surjouer la toute puissance au risque d'user les nerfs de votre victime consentante.

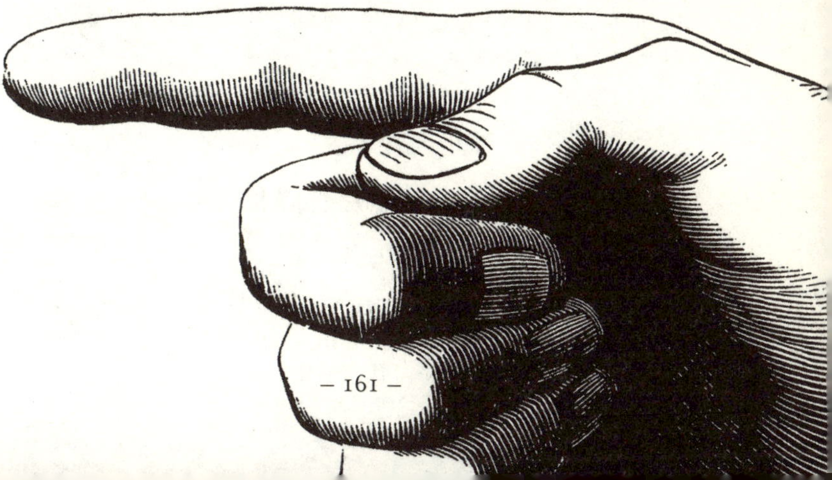

Du fil ignifugé

C'est en voulant défier la nature que les expérimentateurs obtiennent le plus souvent les résultats les plus incroyables – des capuchons qui ne tombent pas quand il le faudrait, de la fumée qui émerge de nulle part, du poivre qui obéit au doigt et à l'œil. Cette expérience est à ranger dans cette catégorie, et vous verrez très vite pourquoi ! Gardez cependant à l'esprit qu'elle demande une atmosphère extrêmement calme, il vaut donc mieux la réaliser à l'intérieur. Si vous avez prévu de la faire en extérieur, choisissez un jour sans vent et placez-vous à l'abri de la moindre bise.

VOUS AUREZ BESOIN DE

- Un fil de coton
- Un bouchon de bouteille en liège
- Un couteau
- Des allumettes
- Un bâton ou un manche à balai (d'environ 1 m de long)
- 3 cuillères à soupe de sel
- De l'eau
- Un petit bol

MÉTHODE

1. Coupez un morceau de fil de 40 cm.

2. Remplissez le bol à mi-hauteur avec de l'eau, et ajoutez le sel. Remuez jusqu'à complète dissolution.

3. Trempez le fil dans la solution salée et sortez-le pour le mettre à sécher.

4. Répétez cette étape au moins trois fois.

5. Faites quelques entailles dans le bouchon et nouez l'une des extrémités du fil autour.

6. Faites tenir le bâton entre deux chaises ou entre une chaise et le plan de travail.

7. Nouez l'autre extrémité du fil à ce bâton. Le bouchon pend maintenant au bout d'un fil.

8. Enflammez le fil en bas, près du bouchon.

9. Le fil se consumera, ne laissant qu'une fine traînée de cendres. Mais cette cendre est semble-t-il suffisante pour soutenir le bouchon.

LA CAUTION SCIENTIFIQUE

Vous avez sans doute déjà deviné tout seul que même si le fil de coton a brûlé, le bouchon est porté par la colonne de sel qui imprègne le fil sur toute sa longueur, mais attention : le plus léger courant d'air brisera cette chaîne magique.

ATTENTION !

Faites bien attention de ne pas réaliser cette expérience à proximité de tout objet qui pourrait être endommagé par les flammes.

PRENEZ GARDE AUX ALLUMETTES !

Cette expérience nécessite l'usage d'allumettes et doit par conséquent être encadrée par un adulte responsable.

Les règles sont faites pour être brisées

Dans certaines écoles, les étudiants ont pour traditions de briser leurs règles à la fin de leur dernière année d'école. Ce livre n'encourage en rien ce comportement délibérément destructeur. Il milite cependant pour que se répandent le savoir et la curiosité scientifique. Nous entendons par là qu'il nous semble raisonnable de briser une règle et peut-être même deux dans le cas présent.

VOUS AUREZ BESOIN DE

- 2 règles, de préférence en bois (qui seront brisées)
- Une boîte en métal avec un couvercle qui se clipse
- Du ruban adhésif résistant
- De la Patafix®
- Une capsule en métal
- Un assistant
- De l'eau

MÉTHODE

1. Remplissez la boîte d'eau jusqu'à ce qu'elle soit sur le point de déborder et remettez son couvercle bien en place.

2. Fixez la capsule en métal au milieu du couvercle (dans le bon sens) avec un peu de Patafix®.

3. Placez l'une des deux règles sur le plan de travail et posez la boîte de métal au centre de cette règle.

4. Faites tenir la seconde règle en la posant sur la capsule au-dessus de la première et assurez sa fixation avec un peu de Patafix®.

5. Demandez à votre assistant de tenir ce montage en hauteur et

enroulez le ruban adhésif bien serré autour des deux règles de part et d'autre de la boîte. Vous avez maintenant deux boucles qui lient les extrémités des deux règles et les rapprochent l'une de l'autre.

6. Mettez l'ensemble dans un congélateur et attendez 24 heures.

7. Ouvrez le congélateur et considérez comment la règle du haut a été brisée. Celle du bas pourrait avoir cassé également.

LA CAUTION SCIENTIFIQUE

La plupart des matériaux se contractent (deviennent plus petit) en refroidissant. L'eau ne fait pas exception, jusqu'à ce qu'elle approche du point de cristallisation (0 °C). C'est à ce moment qu'elle semble inverser le processus et commencer à se dilater. Lorsqu'elle devient solide (de la glace) elle occupe un volume un peu plus grand – suffisamment pour pousser le couvercle jusqu'à ce qu'il brise la règle qui le contraint.

ATTENTION !

Cela peut sembler évident, mais assurez-vous que les règles utilisées dans cette expérience sont bien les vôtres et que vous saurez survivre sans.

Lecture rapide

N'aimeriez-vous pas entrer dans une pièce, vous saisir du premier objet qui vous tombe sous la main, et faire sur le champ la démonstration d'un des principes fondamentaux de la mécanique ? Cette expérience – ou démonstration – vous en donne l'occasion. Elle est, pourrait-on dire, à mûrir : gardez-la donc dans un coin de votre tête et la prochaine fois que vous passerez chez un ami à proximité de sa bibliothèque, vous pourrez l'éblouir.

VOUS AUREZ BESOIN DE

- 2 livres à couvertures souples d'une taille similaire et contenant environ le même nombre de pages

MÉTHODE

1. Vous devez tenter d'attacher les livres ensemble en entremêlant leurs pages.

2. Posez les livres sur une table, l'un en face de l'autre de telle sorte que leurs tranches soient en contact.

3. Saisissez-vous des pages, en laissant les reliures au contact de la table mais en les rapprochant l'une de l'autre d'environ 3 cm.

4. Feuilletez les pages avec vos pouces (du bas vers le haut).

5. Si vous avez réussi votre coup, les pages des deux livres doivent se trouver entremêlées sur une longueur d'environ 3 cm.

6. Essayez alors de séparer les livres en tirant dessus. Ils semblent avoir été collés l'un à l'autre.

LA CAUTION SCIENTIFIQUE

Cette expérience met en évidence le frottement, la force qui agit comme frein sur les objets lorsqu'ils glissent. Chaque couple de pages entremêlée est une source de frottement, mais si vous la multipliez par 50, 60 ou quelque soit le chiffre, le grand nombre d'entrelacs que vous avez réussi à produire, elle se trouvera considérablement augmentée. Inutile alors de vous prendre une suée.

ATTENTION !

Pas de danger ici – contentez-vous d'éviter d'utiliser une première édition inestimable (même si elle est à couverture souple).

Du cola zéro... gravité

Il vaut mieux prévoir d'être en extérieur pour faire ce tour, et ceci pour deux raisons. D'abord, vous allez vous retrouver contraint de vider une tasse remplie d'eau dans la première partie, et vous n'avez aucune envie d'en mettre partout. Ensuite, l'étape un peu délicate de cette expérience – le rattrapage en vol – vous demandera certainement un peu d'entraînement.

VOUS AUREZ BESOIN DE

- Une tasse en polystyrène (les tasses jetables utilisées pour les boissons chaudes)
- Un stylo
- De l'eau
- Du cola
- Un public

MÉTHODE

1. Remplissez la tasse d'eau et posez-la bien à la vue de tous.
2. Avec le stylo, percez un trou dans le côté de la tasse, proche du fond.
3. L'eau va jaillir, vidant la tasse de son contenu en un temps record.

4. Annoncez maintenant à l'assistance que vous allez défier les lois de la gravité en conservant la quasi-totalité du cola que vous allez verser dans la tasse alors que son trou aura été débouché.
5. Bouchez le trou avec votre doigt pendant qu'un ami rempli la tasse de cola.
6. En gardant le trou tourné vers l'assistance (mais toujours bouché avec votre doigt) prenez maintenant la tasse à bout de bras.
7. Notez bien la position exacte du trou et, après un rapide compte à rebours, lâchez la tasse.
8. Voici venu le moment délicat : pas une goutte de cola ne se renversera pendant la chute de la tasse, mais c'est maintenant à vous de la rattraper au vol (en bouchant le trou dès que vous vous en saisissez) avant qu'elle ne touche le sol.
9. Si vous y arrivez vous pourrez alors brandir votre tasse devant vos spectateurs le trou cette fois proprement bouché : tout le cola sera resté à l'intérieur.

LA CAUTION SCIENTIFIQUE

Le cola – ou n'importe quel autre liquide – se retrouve en apesanteur pendant sa chute et ne fuit donc plus par le trou. Bien évidemment il n'est pas *vraiment* en apesanteur – il est simplement entrain de tomber à la même vitesse que la tasse. L'eau tombe à travers le trou de la tasse immobile au même rythme, mais dans ce cas la tasse n'a pas pris le même tempo.

ATTENTION !

Entraînez-vous bien pour réaliser la deuxième partie de l'expérience – le rattrapage en vol – plusieurs fois avec de l'eau dans un premier temps avant de passer au cola. Cela demande un certain coup de main de suivre le mouvement de la tasse puis au dernier moment de s'en saisir et de la boucher en un éclair.

Des cristaux à déguster

Il est important que les livres traitant de science sachent alléger d'une manière ou d'une autre leur contenu théorique. Ce peut-être par l'usage de jeux de mots à pleurer (nous plaidons coupable), par des expériences aux résultats aussi incroyables qu'inattendus (coupable encore votre honneur) ou en vous permettant de manger le fruit de votre peine. Et c'est dans cette dernière catégorie qu'il faut ranger cette merveilleuse introduction aux phénomènes de cristallisation. Laissez-vous tenter… et venez croquer dans les doux fruits de la science.

VOUS AUREZ BESOIN DE

- 150 g de sucre
- 200 ml d'eau
- 1 casserole
- 1 cuillère en bois
- 1 bol supportant la chaleur
- 1 stylo
- 40 cm de ficelle

MÉTHODE

1. Faites bouillir l'eau dans la casserole.

2. Ajoutez le sucre et remuez jusqu'à ce qu'il soit totalement dissous.

3. Versez ce mélange dans le bol.

4. Nouez l'un des bouts de la ficelle au stylo et laissez son autre extrémité tremper dans la solution sucrée.

5. Maintenez le stylo en hauteur en le posant sur une pile de livres à côté du bol et laissez la ficelle pendre dans le bol.

6. En quelques jours vous verrez se former des cristaux sur la ficelle.

LA CAUTION SCIENTIFIQUE

La science qui se dissimule derrière cette expérience enfantine, est elle aussi très abordable. Le sucre se dissout (part en solution) grâce à la chaleur et à votre « coup » de cuillère. Le liquide monte dans la ficelle grâce à un processus appelé évapo-transpiration – de la même façon les plantes prennent l'eau dans le sol. Puis l'eau s'évapore, laissant derrière elle les cristaux de sucre – qui ne sont plus maintenant en solution – prêt à être cueillis sur leur ficelle.

ATTENTION !

Prenez garde à l'étape où il faut manipuler de l'eau bouillante. Un adulte doit prendre en charge cette partie de l'expérience.

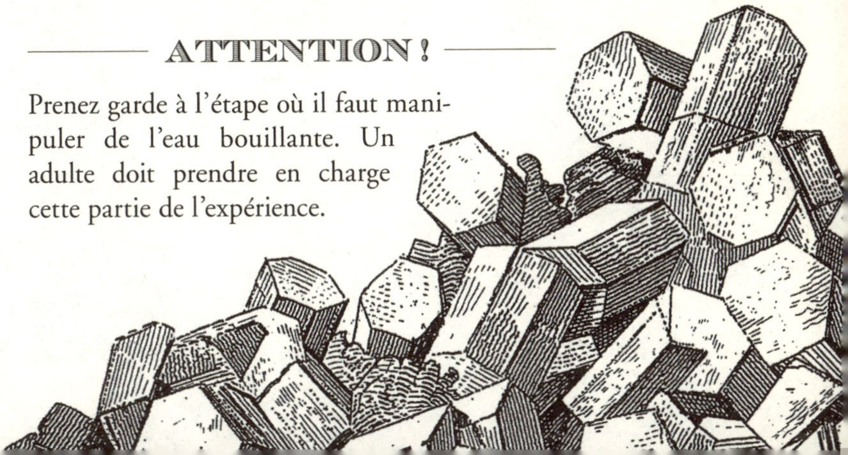

Bagarre truquée au Saloon

Franchement, n'aimeriez-vous pas pouvoir utiliser quelques-uns des effets spéciaux qui sont à la disposition des réalisateurs d'Hollywood ? Pas ces images de synthèse, qui rapidement nous semblent factices. Je pense plutôt à ces artifices de théâtre qui permettent de cogner sans vergogne le crâne d'un quidam avec un objet, avant de le voir se briser en milles morceaux (l'objet, pas la tête). Cette recette vous permet d'en confectionner – vous aller réaliser une série de carreaux de verre ou de céramique parfaitement crédibles. Quel que soit le rôle cinématographique que vous leur assignerez au final, ils se briseront en éclats quand vous les jetterez à la tête de l'un des protagonistes de la scène. Lumière, caméra, action !

MÉTHODE

1. Avec le beurre, graissez le fond de la plaque de cuisson.

2. Mettez la plaque au réfrigérateur.

3. Versez le sucre dans la casserole et faites chauffer à feu doux.

4. Remuez le sucre régulièrement pendant que vous chauffez.

5. Quand il sera entièrement fondu et avant qu'il ne change de couleur, sortez la plaque de cuisson du réfrigérateur et versez le sucre fondu dessus.

6. Découpez le sucre encore fondu en carré avec la spatule.

7. Laissez refroidir la plaque sur le plan de travail.

8. Au bout d'une petite heure, il se sera solide et cassant – idéal pour tourner cette scène de bagarre dans le saloon local.

LA CAUTION SCIENTIFIQUE

Aucune science bien surprenante n'est à l'œuvre dans cette expérience, juste des cristaux de sucre qui fondent quand ils chauffent et qui redeviennent solides lorsqu'ils refroidissent.

ATTENTION !

Cette expérience ne présente pas de grands risques mais n'utilisez pas ces vitres pour frapper quelqu'un en pleine face – frappez toujours à l'arrière du crâne comme dans les films.

Un livre accrocheur

Voici une expérience que nous vous conseillons de mettre en scène dans une salle de classe, plus précisément en attendant l'arrivée de votre professeur de français. Comme vous le verrez, elle demande un grand nombre de livres identiques et où, mieux que dans le cours de littérature, peut-on trouver un grand nombre d'ouvrages semblables (celui de l'œuvre que vous êtes entrain d'étudier par exemple) ? Que faire si votre professeur arrive sur ces entrefaites ? C'est très simple, dites-lui juste que vous mesurez à quel point le livre au programme est accrocheur.

VOUS AUREZ BESOIN DE

- 6 livres identiques (pas trop épais)
- Un bureau bien plat, un plan de travail ou une table

MÉTHODE

1. Faites une pile bien rangée avec les livres et placez-la au bord du bureau, la partie étroite des livres le long du bord.

2. Glissez le livre du sommet de la pile doucement jusqu'à ce qu'il vacille sur le bord de la pile, glissez-le alors de nouveau un peu vers l'intérieur.

3. Bougez le second livre (avec celui du dessus toujours en place) jusqu'à ce que les deux vacillent, puis reculez-les de nouveau légèrement.

4. Continuez ainsi avec tous les livres de la pile.

5. Quand vous aurez fini, le livre du sommet semblera suspendu dans les airs, comme un personnage de dessin animé qui vient de courir au-delà du bord de la falaise et qui est sur le point de tomber.

LA CAUTION SCIENTIFIQUE

Voilà une démonstration du centre de gravité (ou barycentre), le point qui concentre l'ensemble des poids, où l'équilibre de l'ensemble se fait. Bien que le livre du sommet semble sur le point de tomber, plus de la moitié du poids des livres qui le soutiennent repose, sans risque, sur le bureau.

ATTENTION !

Faites juste attention à choisir le bon livre, et le bon professeur. Un solide sens de l'humour aide (pour le professeur bien entendu).

Fabriquer un fossile

Très souvent, les chefs cuisiniers des plateaux télévision sortent un poulet rôti splendide ou une sauce curry bouillonnante des coulisses en disant « en voici un déjà prêt ». Quoi de plus normal : vous n'allez tout de même pas rester devant votre poste durant les 6 heures de cuisson d'une dinde. Mais que dire si vous annoncez à votre auditoire « en voilà un que j'ai commencé il y a à peu près 40 millions d'années »? Cela pourrait bien les laisser sans voix. Vous n'auriez pourtant que très peu déformé la vérité. Vous allez en effet reproduire toutes les étapes impliquées dans la formation d'un fossile et leur donner un petit coup de pouce.

VOUS AUREZ BESOIN DE :

- Un sachet de sels de bains
- De l'eau tiède
- Un plateau
- Une éponge
- Du sable fin
- Une tasse
- Un couteau
- Une paire de ciseaux
- Une boîte de margarine en plastique

MÉTHODE

1. Avec les ciseaux découpez dans l'éponge une forme en trois dimensions qui deviendra votre fossile : cela peut-être la forme d'un os ou d'une dent de dinosaure, ou plus simplement un coquillage primitif. Assurez-vous que votre sculpture tient bien dans la boîte de margarine.

2. Ménagez des petits trous dans le fond de la boîte de margarine et posez-la sur le plateau.
3. Remplissez la boîte avec une couche de 1 à 2 cm de sable, et déposez votre éponge « fossile » dessus.
4. Couvrez-la d'une nouvelle couche de 3 cm de sable.
5. Mélangez 4 cuillères à soupe d'eau tiède avec 4 cuillères à soupe de sels de bain dans la tasse : versez ce mélange dans la boîte remplie de sable, et laissez le liquide s'infiltrer dans le sable.
6. Laissez la boîte dans un endroit chaud comme un rebord de fenêtre au soleil, pendant cinq jours.
7. Pendant cette période, recommencez l'étape 5 tous les jours.
8. Laissez reposer la boîte sans y ajouter de liquide pendant 2 jours supplémentaires.
9. Retirez précautionneusement votre fossile de la boîte, il devrait alors être devenu solide.

LA CAUTION SCIENTIFIQUE

Les éponges, comme chacun le sait, peuvent absorber une grande quantité d'eau. Le liquide salé est drainé par le sable, absorbé par l'éponge lors de son écoulement vers le bas et il est ensuite aspiré lorsqu'il est dans le plateau par un procédé appelé capillarité. Il s'évapore ensuite, avant d'être arrosé régulièrement par vous chaque jour. À chaque fois que l'eau s'évapore, elle laisse le sel qui était avant en solution. Chaque dose de sel durcit le fossile un peu plus, jusqu'à ce qu'il commence vraiment à ressembler à un objet vieux de 40 millions d'années.

ATTENTION !

Si votre fossile vous semble encore un peu fragile, laissez-le sécher un jour de plus.

Le secret du pharaon

Puisque vous pourriez bien avoir chez vous maintenant des fossiles de quelques millions d'années (cf. *Fabriquer un fossile*), comment s'étonner d'y trouver également des messages sibyllins d'à peine 4 000 ans – de l'ancienne Égypte par exemple ? Pourquoi donc personne n'en connaît les secrets ? Qui peut les déchiffrer ? Vous êtes le seul à détenir la réponse, et les clés pour pénétrer ces mystères.

VOUS AUREZ BESOIN DE

- Un demi-citron
- Un coquetier
- Un cure-dent ou un stylo-plume
- Une bougie
- Un bout de papier à lettre ordinaire (plus il fait ancien, mieux c'est)

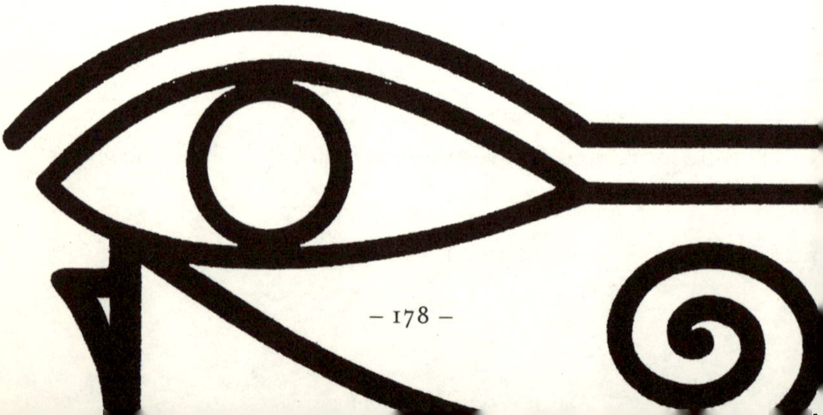

MÉTHODE

1. Pressez le demi-citron dans le coquetier.
2. Sur le bout de papier, écrivez un message avec le jus de citron en utilisant les symboles des anciens égyptiens, que l'on appelle hiéroglyphes,
3. Passez votre papier à votre camarade archéologue, et regardez s'il peut le lire. Le jus de citron se sera évaporé et le papier semblera vierge.
4. Allumez la bougie et placez l'arrière du papier près de la flamme, mais pas trop proche.
5. L'ancien message – le secret du Pharaon – se révélera sous la forme d'une écriture brunâtre.

LA CAUTION SCIENTIFIQUE

Le jus de citron évaporé qui ne laisse aucune trace n'est qu'une part infime du secret. Car il laisse derrière lui de l'acide citrique, et celui-ci a une température de combustion plus faible (il est prêt à brûler quand il tourne au brun) que le papier qui le supporte. C'est la raison pour laquelle le message brûle sur la trace du jus de citron.

ATTENTION !

Ne vous approchez pas trop près de la flamme en voulant aller trop vite ; soyez patient et approchez votre papier progressivement jusqu'à ce que le message apparaisse.

PRENEZ GARDE AUX ALLUMETTES !

Cette expérience nécessite l'usage d'allumettes et doit par conséquent être encadrée par un adulte responsable.

Le gel des comptes

« L'argent lui brûle les doigts », « Il ne peut s'empêcher de flamber », « Brûler la chandelle par les deux bouts », etc.

Les expressions qui relient l'argent et la température sont nombreuses dans notre langue. Mais pourquoi cela ? Et comment se fait-il qu'elles se contredisent si souvent ? Ne pourrait-on pas imaginer un moyen de trouver l'origine de tout cela en montant une petite expérience ?

Celle que nous vous proposons jettera quelques lumières sur les raisons qui nous font parler ainsi de l'argent. Son résultat pourrait bien vous surprendre.

VOUS AUREZ BESOIN DE

- Un bandeau lâche pour les yeux (un grand mouchoir fera l'affaire)
- 4 pièces identiques
- Des glaçons ou un congélateur
- Une serviette
- Un volontaire

MÉTHODE

1. Passez le bandeau sur les yeux de votre volontaire et expliquez-lui qu'il va devenir une espèce de balance humaine.

2. Faites lui tendre les bras avec les paumes tournées vers le haut, le majeur et l'index tendus.

3. Mettez une pièce sur le bout de chaque doigt tendu et demandez-lui de décider laquelle pèse le plus lourd. Il devrait estimer qu'elles ont toutes le même poids.

4. Mettez l'une des pièces sur un glaçon ou dans le congélateur pendant deux minutes et essuyez-la rapidement avec une serviette. Ne dites pas à votre volontaire ce que vous êtes en train de faire. Dites maintenant à votre volontaire que vous avez deux pièces de monnaies à peser (ce sont en réalité les deux mêmes).

5. Regardez laquelle de ces deux pièces lui semble la plus lourde. Il dira sans doute que c'est la pièce froide.

LA CAUTION SCIENTIFIQUE

Cette expérience très simple recèle un mystère. Les scientifiques ne savent pas bien pourquoi les objets froids semblent plus lourds que ceux qui sont plus tièdes. L'une des théories évoque la proximité des terminaisons nerveuses qui détectent les changements de poids et ceux qui détectent les changements de température, le résultat serait une espèce de « court-circuit ».

ATTENTION !

Cette expérience est en compétition pour figurer parmi les moins dangereuses de ce livre.

Lit brouillé

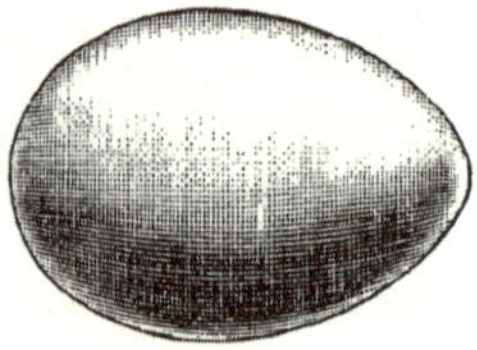

Après une série de jours pluvieux, votre mère se précipite dehors pour faire sécher ses draps sur la corde à linge. Que faire pour lui donner un coup de main ? Que pensez-vous d'un petit tour de physique qui transformera ses draps en une cible pour un lancer d'œufs ? C'est sans danger aucun, bien entendu. Mais il faut en convenir, ces draps propres étendus pourraient vous faire craquer, et il ne faudrait tout de même pas qu'un de ces jets d'œufs ne vous revienne malencontreusement en pleine face. Lisez donc ce qui suit pour découvrir la manière la plus sûre de procéder.

VOUS AUREZ BESOIN DE

- Un œuf
- Un drap de lit
- Une balle de golf (facultatif)
- Deux volontaires

MÉTHODE

1. Demandez à vos volontaires de tendre le drap en laissant suffisamment de mou pour faire un creux.

2. Prenez l'œuf et visez le creux du drap.

3. Lancez l'œuf aussi fort que vous le pouvez.

4. L'œuf ne cassera pas.

LA CAUTION SCIENTIFIQUE

On peut traduire ce phénomène par une série d'équations extraordinairement longues et compliquées, mais le principe de base est simple. Si vous augmentez le temps avant d'arrêter un objet en mouvement, la force nécessaire diminue. Même les quelques dixième de secondes que vous accordez à votre œuf – comparé à ce qui se passerait si vous frappiez une cible solide et rigide – est suffisante pour permettre au drap de rester sans dommage à l'arrivée. Pensez à une voiture qui s'approche du feu rouge. Le conducteur peut simplement appuyer sur le frein doucement pendant disons dix secondes, ou l'écraser au dernier moment. Lequel de ces arrêts demande selon vous le plus d'énergie ?

• ATTENTION ! •

Il est inutile de rappeler à chacun les conséquences d'un œuf qui s'écrase sur un drap fraîchement lavé. Vous n'avez pas grand-chose à craindre de ce côté-là, mais si vous aviez quelques doutes vous pouvez commencer par vous entraîner avec une balle de golf au lieu d'un œuf. Ce qui nous amène à une nouvelle mise en garde : ne le faites pas à proximité d'une fenêtre.

On finit dans la mousse

Si cette expérience arrive à la fin, c'est pour une excellente raison – c'est en effet celle qui vous permettra, à vous et votre équipe, de disparaître au final. Vous pourriez même prétexter que l'objectif central de cette expérience est de produire de quoi tout nettoyer. Est-ce que tout cela vous paraît un peu embrouillé ? Eh bien lisez ce qui suit, et préparez-vous à frotter.

VOUS AUREZ BESOIN DE

- Un verre
- Un demi-citron
- Un presse-citron
- Une cuillère
- Du liquide vaisselle
- 1 cuillère à soupe de bicarbonate de soude

MÉTHODE

1. Mettez le bicarbonate de soude dans le verre.

2. Versez une bonne giclée (environ deux cuillères à soupe) de liquide vaisselle et mélangez.

3. Pressez le citron.

4. Versez le jus de citron dans le verre. Remuez de nouveau.

5. Retirez la cuillère et observez la mousse qui commence à monter.

6. Remuez un peu plus pour produire éventuellement encore plus de mousse : elle devrait commencer à déborder du verre.

7. Utilisez cette mousse savonneuse parfumée au citron pour nettoyer tout votre laboratoire.

LA CAUTION SCIENTIFIQUE

À la base, cette expérience repose sur un vieux standard – la réaction entre le bicarbonate de soude (une base) et l'acide citrique du citron. Quand ils sont mélangés, exactement comme avec le vinaigre (un autre acide) et le bicarbonate de soude, l'un des produits de la réaction est du dioxyde de carbone. Et c'est ce CO_2 qui ne cesse de faire des bulles.

ATTENTION !

Comment pourriez-vous avoir des problèmes alors que vous vous promettez de tout nettoyer après votre passage.

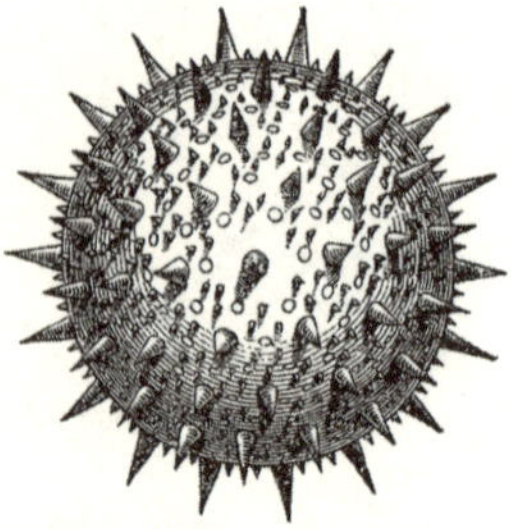

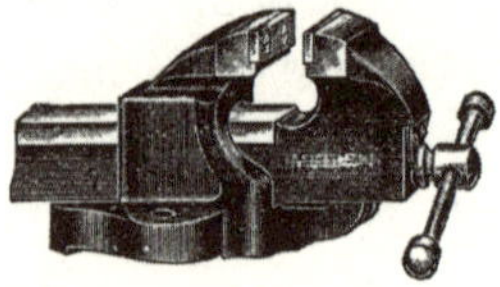

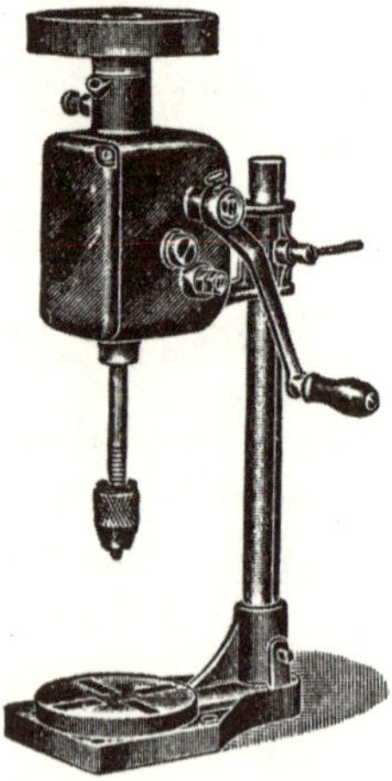

Handy Oil Can
THREE IN ONE OIL
PREVENTS RUST
LUBRICATES
CLEANS AND
POLISHES
3 IN 1
TALKING MACHINES
SEWING MACHINES
TYPEWRITERS &
ELECTRIC FANS
RAZORS & STROPS
FIRE ARMS
CASH REGISTERS & LAWN
MOWERS LIGHT MACHINERY, ETC
PIANOS, FURNITURE & WOODWORK
Manufactured by
THREE IN ONE OIL COMPANY
NEW YORK U.S.A.
PRICE 25 CENTS

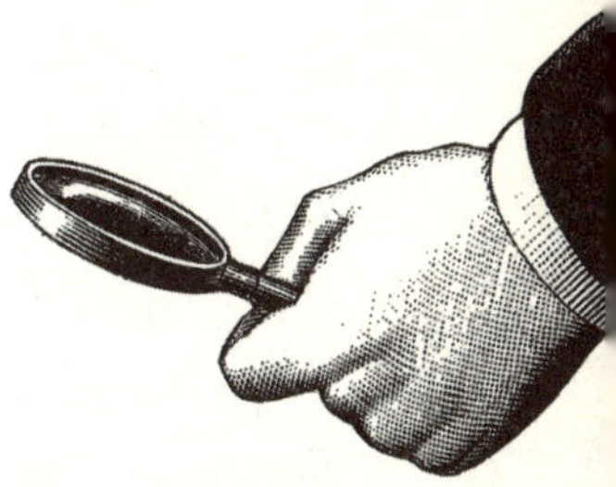

D'un coup d'œil

Quelques-unes des 65 expériences de ce livre sont instantanées, tandis que d'autres s'étalent sur plusieurs jours. La liste qui suit les regroupe selon le temps nécessaire à leur réalisation, en commençant par les plus rapides.

Un feu de paille

moins de deux minutes

L'affaire de cinq minutes

deux à cinq minutes

Dans l'heure

jusqu'à une heure

L'affaire d'une journée

de une à huit heures

Tenez la distance

un jour entier voire plus

Remerciements

J'aimerais remercier les pesonnes suivantes pour leur soutien et pour l'inspiration qu'ils m'ont insufflée à chaque étape de ce projet. Leurs contributions, que ce soit la participation directe, les suggestions, les réactions ou les explications scientifiques, ont apporté souffle et profondeur à ce livre :

Janet Brakspear, Frank Ciccotti, Gregory Etter, Peter Filkins, Peter French, Dr Gary Hoffman, Benjamin Joyce, Dr Peter Lydon, William Matthiesen, Ian McChesney, Dr Sarah Morse, Peter Rielly, Susan Roeper, Elizabeth Stell.

De plus, j'exprime toute ma gratitude envers les entreprises et les organisations suivantes :

Berkshire (Massachusetts) Film and Video, Camco International Ltd, la librairie Corsham, Energy for Sustainable Development Ltd, ESD Ventures, Kingswood School, the Met Office

54701 - (IV) - (4,5) - BAB 80° - DAT - JME

Imprimerie Nouvelle - JOUVE
45800 Saint-Jean de Braye
N° d'Imprimeur : 936521R
Dépôt légal : octobre 2010
suite du tirage : Août 2012

Imprimé en France

PETITES EXPÉRIENCES SCIENTIFIQUES COMPLÈTEMENT DÉJANTÉES

PETITES EXPÉRIENCES SCIENTIFIQUES COMPLÈTEMENT DÉJANTÉES

SEAN CONNOLLY

Traduit de l'anglais par Anne Viguier

DUNOD

L'édition originale de cet ouvrage a été publiée en 2007 par Icon Books Ltd sous le titre *Wholly irresponsible experiments!*

ISBN 978-2-10-052295-8

Présence d'un adulte nécessaire

Dans ces expériences sont utilisés des allumettes, liquides chauds et autres ingrédients qui nécessitent certaines précautions d'usage.

T
B
R

Aux compagnons de ce merveilleux voyage
Frederika, Dafydd, Jamie, Anna et Thomas

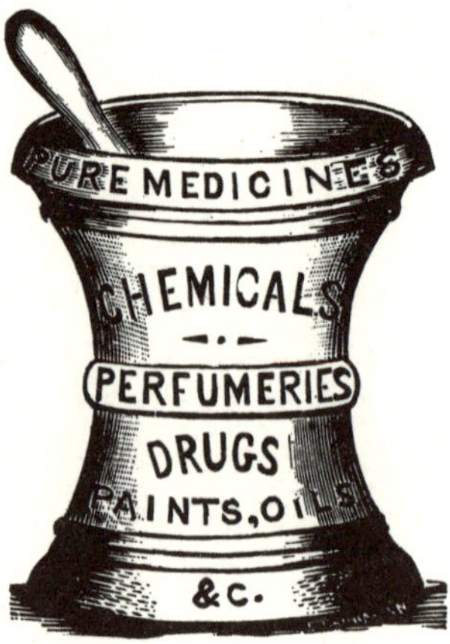
PURE MEDICINES
CHEMICALS
PERFUMERIES
DRUGS
PAINTS, OILS
&C.

Remerciements

J'aimerais remercier les personnes suivantes pour leur soutien et pour l'inspiration qu'ils m'ont insufflée à chaque étape de ce projet. Leurs contributions, que ce soit la participation directe, les suggestions, les réactions ou les explications scientifiques, ont apporté souffle et profondeur à ce livre :

Franck Ciccotti, Gregory Etter, Peter French, Dr Gary Hoffman, Benjamin Joyce, Dr Peter Lydon, William Matthiesen, Ian McChesney, Dr Sarah Morse, Peter Rielly, Susan Roeper, Elizabeth Stell.

De plus, j'exprime toute ma gratitude envers les entreprises et les organisations suivantes :

Berkshire (Massachusetts) Film and Video, la librairie Corsham, Energy for Sustainable Development Ltd, ESD Ventures.

Table des matières

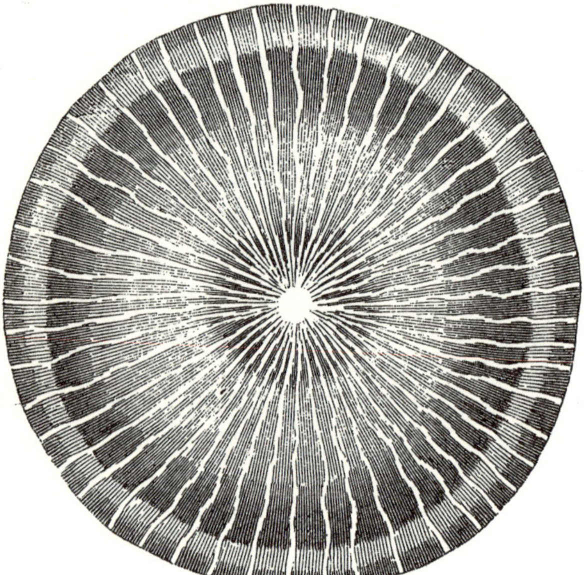

Introduction

Le *dictionnaire de l'Académie* définit la science comme « L'ensemble structuré de connaissances qui se rapportent à des faits obéissant à des lois objectives (ou considérés comme tels) et dont la mise au point exige systématisation et méthode. »

Cette définition met en évidence le lien qui existe entre les peintures rupestres que nous ont laissées les premiers hommes – avec leurs représentations saisissantes de lions des cavernes et de loups prédateurs – et les études des mouvements atmosphériques menées par la NASA à l'aide de laser infrarouge. Les hommes (qu'ils se soient ou non qualifiés de « scientifiques ») se sont toujours frayé un chemin, par l'observation et l'expérimentation, vers une meilleure compréhension du monde et de son fonctionnement.

Tout au long de notre histoire, nous avons été mus par la curiosité et le « besoin de savoir ». Les scientifiques ont enquêté sur toutes sortes d'énigmes, débusquant de précieuses réponses et partageant avec nous leurs trouvailles. Représentons-nous simplement combien de nos connaissances peuvent être reliées à des questions telles que :

Pourquoi le soleil se lève-t-il
et se couche-t-il chaque jour ?

Pourquoi la pomme mûre tombe-t-elle
de l'arbre vers le bas et non vers le haut ?

Pourquoi l'eau se dilate en devenant vapeur ?
Ce phénomène pourrait-il être utilisé
pour entretenir le mouvement d'un piston ?

Pourrait-on relier des ordinateurs en utilisant,
disons, une connexion téléphonique ?

Nous connaissons – ou du moins savons comment trouver – les réponses à ces questions et à bien d'autres encore qui ont inspiré les scientifiques des siècles durant. Et nous pouvons en voir les bénéfices tout autour de nous, en particulier dans le champ de la technologie, qui exploite les avancées scientifiques à des fins pratiques.

UN NOUVEL ENSEMBLE DE QUESTIONS

Ces *65 petites expériences complètement déjantées* sont porteuses de ce noble héritage d'exploration scientifique et l'appliquent à de nouveaux domaines, qui, à de nombreux égards, nous sont très familiers. Après tout, notre quête de savoir ne s'arrête pas à la porte des laboratoires. La vie de tous les jours nous fournit bien des objets sur lesquels exercer nos questionnements scientifiques.

Les 65 expériences décrites dans les pages qui suivent n'utilisent que des ingrédients ou du matériel que l'on trouve facilement à la maison, ou que l'on peut se procurer aisément. Enfin, comme toute démarche scientifique classique, qui part d'une hypothèse comme fil conducteur d'une démonstration, ces expériences cherchent également à donner des explications argumentées. Certaines, cependant, pourraient facilement engendrer de nouvelles interrogations sans rapport aucun avec les premières. Du genre…

Que fait ce brin de paille planté
dans une pomme de terre ?

Chéri, as-tu vu mon sèche-cheveux ?

Que diable est-il arrivé à ce géranium ?

Hé ! Ce serait pas mon nouveau CD
de *Coldplay* qui flotte là-bas ?

À PROPOS DU MOT EN « D »

Tout cela nous amène à considérer un mot important qui apparaît dans le titre de ce livre – « déjantées ». Est-il raisonnable d'imaginer des expériences déjantées ? N'est-ce pas très exactement le contraire de la méthode scientifique ? En guise de réponse nous pourrions citer la fameuse formule de l'ancien président des États-Unis, Bill Clinton : « Tout dépend de votre définition du verbe "être" ». Et en effet, s'il est possible de donner plusieurs sens à « être », il n'est pas difficile d'imaginer que l'on puisse avoir plusieurs lectures du mot « déjanté ».

Bien que le titre de l'ouvrage comporte ce mot en « d », ces *65 petites expériences complètement déjantées* demandent au préalable une lecture attentive. Leur présentation est simple et logique, et les mises en garde ne cachent rien des difficultés éventuelles (dans la section *Attention !*). Mais ce livre sait aussi appeler le lecteur à se défaire du carcan de sa pensée d'adulte raisonnable, et à retrouver l'enfant qui sommeille en lui.

Aucun enfant, après tout, ne se formaliserait d'une odeur âcre envahissant la cuisine ou d'une fumée noire s'élevant en tourbillon du fond du jardin. Et cet enfant intérieur aurait bien du mal à préférer classer ses feuilles d'impôts (ou toute autre activité terriblement « raisonnable » de ce genre) plutôt que de lâcher une fusée-ballon à deux étages. Ainsi, de ce point de vue, chacune de ces expériences mérite bien le qualificatif de déjantée !

QUI PEUT FAIRE CES EXPÉRIENCES ?

Tout livre qui fait appel à « l'enfant qui est en nous » doit en premier lieu plaire aux enfants. Et ce livre-ci ne fait pas exception. Nous recommandons vivement de montrer chacune des expériences aux jeunes scientifiques en herbe; certaines peuvent d'ailleurs impliquer des enfants comme volontaires ou même participants. Mais gardez à l'esprit que le caractère responsable de chaque expérience repose sur l'adulte qui la met en œuvre. Ces expériences sont pour les enfants aussi bien que pour les adultes, mais elles n'ont pas été conçues pour être réalisées par des enfants.

Pour chaque expérience, une section, *Attention !* donne les mises en garde appropriées. Certaines de ces mises en garde ne sont que des conseils amicaux visant à permettre une réussite optimale. D'autres ont une fin plus pratique, et attirent l'attention du lecteur sur les ingrédients ou les actions qui nécessitent un soin particulier. Un avertissement bien visible est présent à chaque fois que l'expérience suppose l'utilisation d'allumettes ou toute autre forme d'objet enflammé.

Certaines personnes pourraient penser qu'elles ont trop tardé pour se remettre aux sciences. Et peut-être s'ennuyaient-elles à mourir au fond des classes de sciences, ou même trouvent-elles tout cela un peu difficile à comprendre. Ces *65 expériences complètement déjantées* leur ouvrent une nouvelle porte dans ce monde fascinant. Chacune de ces expériences, tout en se présentant sous la forme d'une bête recette de cuisine, produira un résultat qui vous amusera, vous enchantera, et peut-être même vous inspirera.

COMMENT UTILISER CE LIVRE

Les *65 petites expériences complètement déjantées* sont regroupées en 7 chapitres portant chacun sur un thème scientifique ou un questionnement particulier.

Pour chacune d'elle, une introduction présente la nature de l'expérience et ce que l'on peut en attendre, avant de passer aux parties suivantes.

VOUS AUREZ BESOIN DE – Une liste précise des ingrédients et du matériel nécessaires.

MÉTHODE – Une série d'instructions décrit pas à pas, de façon simple.

LA CAUTION SCIENTIFIQUE – La raison d'être de l'expérience – ou peut-être votre explication empressée face à l'impatience ou la colère de votre conjoint !

ATTENTION ! – Des conseils précieux (et dans certains cas, quelques mises en garde) pour la réalisation de l'expérience.

D'UN COUP D'ŒIL

Les 65 expériences ont été classées en fin d'ouvrage en fonction du temps nécessaire à leur réalisation – de la première étape aux « Ah ! Oh ! » admiratifs qui les concluront. Vous pouvez avoir tout un samedi après-midi à y consacrer ou simplement quelques minutes. Ce classement vous aidera à choisir l'expérience parfaite pour le temps dont vous disposez.

Un feu de paille – moins de deux minutes.

L'affaire de cinq minutes – 2 à 5 minutes.

Dans l'heure – jusqu'à une heure.

L'affaire d'une journée – de 1 à 8 heures.

Tenez la distance – un jour entier voire plus.

N'est-il pas temps de s'y mettre et de construire ce volcan comme vous vous l'étiez promis ? Ou peut-être pensez-vous que vos guimauves manquent de virilité ? Ou encore avez-vous décidé de changer les couleurs du salon *en commençant par celles des plantes vertes ?* Les pages qui suivent vous donneront le loisir de satisfaire toutes ces envies et plus encore, le tout dans l'esprit d'une enquête scientifique amusante.

Pour la plupart de ces expériences, un large sourire et un esprit ouvert valent mieux qu'une blouse blanche et une calculatrice. Livrez-vous donc pleinement à ces expériences amusantes, instructives et excentriques et laissez-vous conduire. Chemin faisant, vous aurez sans doute la chance de faire découvrir – peut-être même de découvrir vous-même – un peu de science.

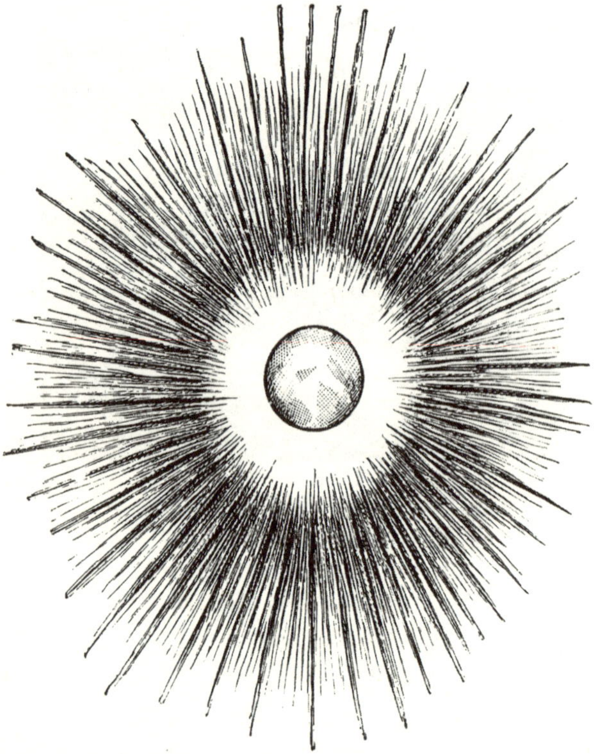

Voyage au centre de la Terre

Parfois la Terre se comporte comme un enfant qui se tortille pour s'extirper d'un vêtement trop petit. Des gouffres s'ouvrent, le sol est agité de secousses et de tremblements, cependant qu'un magma brûlant, des jets de lave, d'eau bouillante ou de vapeur jaillissent des fissures de la croûte, provoquant des remaniements spectaculaires. Les expériences de ce chapitre offrent un rapide aperçu sur les concepts physiques à l'œuvre derrière ces événements littéralement renversants. Des denrées alimentaires courantes, quelques ustensiles de cuisine élémentaires, et même des sucreries, entrent en scène pour nous présenter quelques-unes de ces forces fondamentales.

Un geyser de cola

Souvent les expériences les plus impressionnantes sont réalisées avec des ingrédients qui ne paraissent pas le moins du monde scientifiques. Par exemple, il vous suffira de réunir un bonbon très populaire avec un soda non moins prisé pour créer votre propre version du « Old Faithful », le célèbre geyser du parc de Yellowstone. Ce mélange instable peut en effet propulser un jet de liquide jusqu'à une hauteur de 15 m !

MÉTHODE

1. Mettez 12 bonbons Mentos® dans un tube à essai et placez une carte à jouer sur l'ouverture du tube.
2. Ouvrez la bouteille de cola allégé et posez le tube à l'envers sur le sommet de la bouteille ouverte, en maintenant la carte à jouer en place.
3. Jetez un cou d'œil derrière vous afin de préparer votre retraite.
4. Retirez rapidement la carte à jouer de façon à ce que les Mentos® tombent d'un seul coup dans la bouteille.
5. Écartez-vous et regardez le cola jaillir du récipient.

– LA CAUTION SCIENTIFIQUE –

Cette réaction explosive provient du dégazage brutal du dioxyde de carbone, le gaz qui donne au soda son pétillant. Le dioxyde de carbone reste habituellement dans la boisson à l'état dissous car le liquide ne contient à l'origine aucun site de nucléation – une aspérité autour de laquelle les bulles peuvent se former. Un seul Mentos®, regardé de très près, a une surface particulièrement irrégulière – toutes ces aspérités fournissent autant de sites de nucléation. Une douzaine de ces bonbons, déversée d'un seul coup, provoque ainsi un dégazage violent du dioxyde de carbone, éjectant le cola hors de la bouteille comme une fusée. Il faut préférer pour cette expérience un soda allégé car la majorité des colas non allégés contiennent de la mélasse qui inhibe la formation des bulles.

ATTENTION !

Faites cette expérience en extérieur, bien à l'écart de tout objet (ou de toute personne) que vous n'aimeriez pas engluer.

Le Vésuve au fond du jardin

Cette représentation haute en couleur, mettant en scène une simple réaction chimique, n'est pas le moins du monde dangereuse, mais elle a gagné sa place dans cet ouvrage par l'immense désordre qu'elle sait provoquer. Il va sans dire qu'il s'agit d'une expérience d'extérieur, assurez-vous donc que vous avez devant vous une belle journée pour réaliser ce théâtral torrent de lave. Et si vous vous sentez plein de ressources, vous pouvez ajouter quelques petites maisons miniatures à la base de votre volcan. Mais dispensez-vous d'applaudir lorsqu'elles se feront emporter...

Vous aurez besoin de :

- Une planche de contreplaqué de 75 × 75 cm au moins
- Une bouteille vide d'1 litre (en verre ou en plastique)
- De la pâte à modeler ou du papier mâché (assez pour former un cône volcanique d'à peu près 40 cm de circonférence)
- 1 c. à soupe de bicarbonate de soude
- 15 ml de liquide vaisselle
- Du colorant alimentaire rouge ou jaune
- 60 ml de vinaigre

MÉTHODE

1. Placez la bouteille vide au centre de la planche de contre plaqué. Ce sera le centre de votre volcan.
2. Construisez le volcan autour de cette bouteille, en utilisant de la pâte à modeler ou du papier mâché.
3. Travaillez l'apparence de votre volcan, tant qu'il n'a pas durci, en sculptant des rivières et des ravins pour guider les torrents de lave.
4. Assurez-vous que le volcan achevé, aura eu le temps de sécher.
5. Remplissez la bouteille vide avec le bicarbonate de soude, le liquide vaisselle et quelques gouttes de colorant alimentaire.
6. Mesurez la dose de vinaigre et versez-la dans la bouteille.
7. Écartez-vous pendant que se déchaînent les forces de la nature.

– LA CAUTION SCIENTIFIQUE –

L'amorce de cette éruption est l'ajout de vinaigre (un acide), au mélange initial; celui-ci présente en effet un pH basique grâce au bicarbonate de soude. L'ajout d'acide déclenche ici une réaction de neutralisation acide/base, selon les termes des chimistes. Plus précisément, dans ce cas, cette réaction transforme l'acide carbonique en eau et dioxyde de carbone; la libération du gaz carbonique dans le liquide vaisselle engendre alors un spectaculaire flot d'écume.

ATTENTION !

Le seul gros problème de cette expérience est le désordre qu'elle peut potentiellement engendrer, mais insister trop pesamment sur les mises en garde, serait dans le contexte qui est le notre d'une inutile lourdeur, non ?

Une bombe en sac de congélation

Les enfants – et avec eux bon nombre d'adultes – ont le sentiment que les acides et les bases sont de dangereux produits chimiques conservés par des chercheurs en blouse blanche dans des armoires bien cadenassées. Cette expérience est un moyen simple de démontrer à tout un chacun que le placard de la cuisine regorge de ces agents secrets chimiques. Ainsi, en peu de temps et muni d'un équipement minimal, vous en aurez pour votre argent !

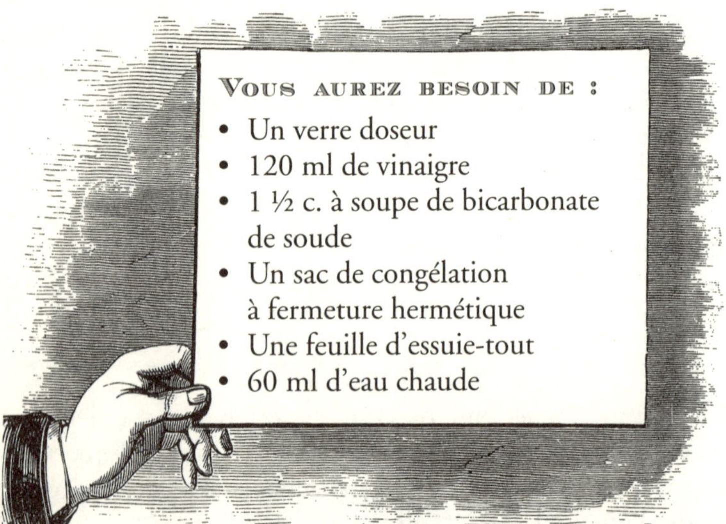

Vous aurez besoin de :

- Un verre doseur
- 120 ml de vinaigre
- 1 ½ c. à soupe de bicarbonate de soude
- Un sac de congélation à fermeture hermétique
- Une feuille d'essuie-tout
- 60 ml d'eau chaude

MÉTHODE

1. Cette expérience ne peut réussir que si votre sac de congélation est parfaitement étanche. Vérifiez cela en le remplissant à moitié d'eau, en le fermant et en le retournant au-dessus d'un lavabo.
2. Si aucune goutte d'eau ne suinte de votre sac, c'est bon ! Videz-le alors de son contenu.
3. Déchirez un morceau d'essuie-tout de 15 sur 15 cm.
4. Déposez le bicarbonate de soude au centre de votre essuie-tout, puis refermez-le en le pliant soigneusement.
5. Versez dans le sac plastique le vinaigre et l'eau chaude.
6. Puis, délicatement mais rapidement, ajoutez « l'enveloppe » d'essuie-tout dans le sac et scellez-le.
7. Agitez doucement le sac, déposez-le sur le sol et reculez.
8. Le sac commencera par enfler puis explosera en produisant un « boum » très satisfaisant.

– LA CAUTION SCIENTIFIQUE –

Le vinaigre et le bicarbonate de soude réagissent de façon rapide et spectaculaire, produisant en un instant une quantité conséquente de dioxyde de carbone. Ce gaz remplit rapidement le sac et la pression, exercée brutalement sur les jointures du sac, le fait exploser. Boum !

ATTENTION !

Personne ne peut se blesser dans cette expérience mais elle peut être à l'origine d'une pagaille certaine. Choisissez donc avec soin votre lieu d'expérience au préalable, afin d'être sûr que rien – ni personne – ne se retrouvera trempé ou taché !

Le ballon de baudruche ignifugé

Encore une de ces expériences qui font « beaucoup avec peu ». Avec un faible investissement qui se révélera très rentable (combien coûte un ballon de baudruche après tout ?) et pratiquement aucune préparation, vous pouvez monter une expérience réellement ahurissante. Les ballons de baudruche passent leur temps à éclater, n'est-ce pas ? Alors pourquoi celui-ci ne brûle-t-il pas lorsqu'il est placé au contact d'une flamme ?

Vous aurez besoin de :

- Un ballon de baudruche (suffisamment solide pour contenir de l'eau)
- Une bougie
- Des allumettes
- De l'eau
- Une bouteille de 2 l remplie d'eau (optionnel)

MÉTHODE

1. Remplissez le ballon d'eau jusqu'à ce qu'il atteigne la taille d'un ananas. Vous pouvez le faire en fixant l'ouverture du ballon sous le robinet d'eau froide. Mais, au cas où vous vous trouveriez loin de toute cuisine, vous pouvez obtenir le même résultat en ajustant le col du ballon à l'embouchure d'une bouteille remplie d'eau.

2. Nouez le ballon bien serré et secouez-le légèrement afin que toutes les gouttelettes qui restent à sa surface tombent.
3. Allumez la bougie et placez-la dans un endroit sûr.
4. Saisissez le ballon par son extrémité nouée et approchez-le de la flamme.
5. Laissez le ballon dans la flamme durant quelques secondes, puis retirez-le.
6. Recommencez l'expérience – le ballon paraît ignifugé !

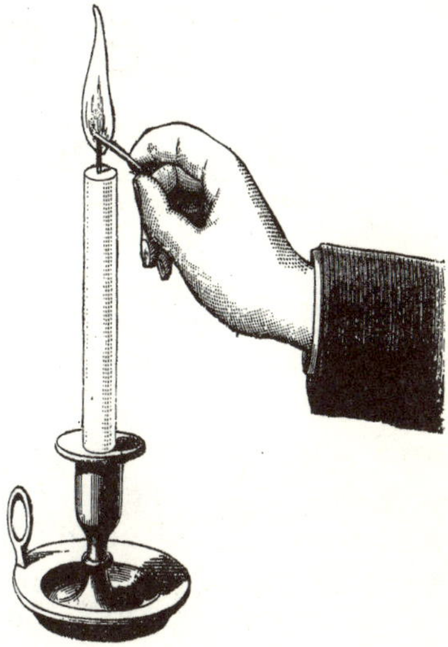

— LA CAUTION SCIENTIFIQUE —

Cette expérience nous en apprend beaucoup sur les mécanismes de l'absorption de chaleur. Si vous aviez approché de la flamme un ballon normal (rempli d'air), il aurait brûlé très rapidement. La chaleur de la flamme aurait en effet affaibli le caoutchouc jusqu'à ce qu'il ne puisse plus supporter la pression d'air à l'intérieur. Mais l'eau absorbe très bien la chaleur. Ainsi, l'eau à l'intérieur du ballon a-t-elle absorbé la chaleur de la flamme, laissant le caoutchouc du ballon quasiment intact.

ATTENTION !

Pensez à éteindre la bougie à la fin de l'expérience.

PRENEZ GARDE AUX ALLUMETTES

Cette expérience nécessite l'usage d'allumettes et doit par conséquent être encadrée par un adulte responsable.

Le phare de l'Atlantide

La civilisation très avancée de l'Atlantide a été engloutie par les eaux bien avant les débuts de la Grèce classique. Avec elle, aurait disparu – d'après la légende – une mine de connaissances, que plus jamais nous ne retrouverons. Mais peut-être tous ces talents merveilleux n'ont-ils pas été complètement ensevelis. Comment expliquer autrement qu'une bougie peut rester allumée, alors qu'elle est sou l'eau ? Ce miracle est sans aucun doute un message du monde d'en bas.

Vous aurez besoin de :

- Un petit bol mélangeur, de préférence transparent
- Une bougie
- Des allumettes
- De l'eau

MÉTHODE

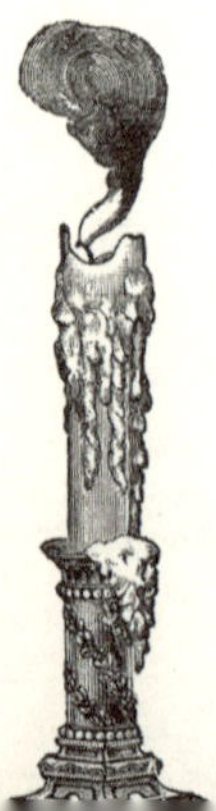

1. Chauffez la base de la bougie et fixez-la solidement au fond du bol.
2. Remplissez soigneusement votre bol jusqu'au ras de la bougie.
3. Allumez la bougie et regardez.

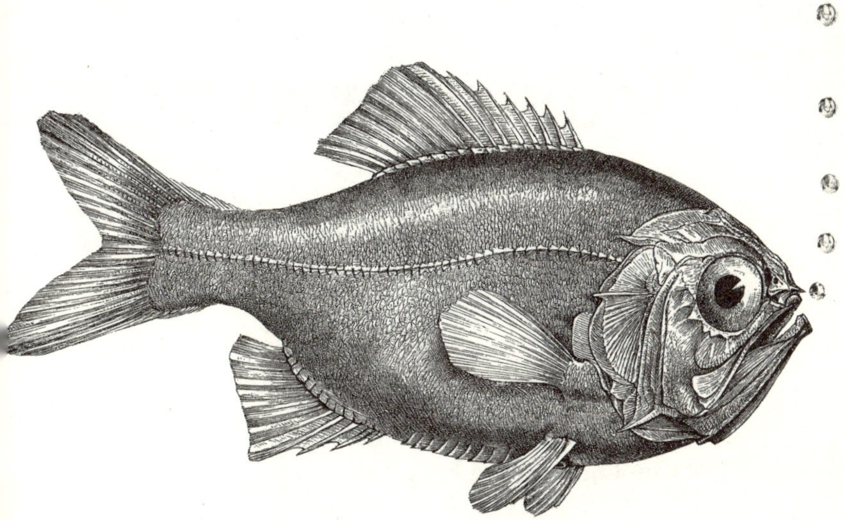

4. La mèche de la bougie brûle, bien en dessous du niveau de l'eau, et forme autour d'elle un conduit de cire.
5. La flamme protégée par ce conduit, continue à brûler durant un certain temps en dessous du niveau de l'eau.

– LA CAUTION SCIENTIFIQUE –

Habituellement, à l'air libre, la cire de la bougie fond et s'évapore ou coule le long de la chandelle. Mais l'eau a une forte inertie thermique et absorbe la chaleur qui en temps normal aurait fait fondre la cire. Donc, au lieu de devenir liquide, la cire construit ici un solide conduit, protégeant la flamme, comme une digue, de l'eau qui l'entoure.

PRENEZ GARDE AUX ALLUMETTES

Cette expérience nécessite l'usage d'allumettes et doit par conséquent être supervisée par un adulte responsable.

Vous prendrez un glaçon ?

Il y a un peu de magie dans toute expérience scientifique, qu'elles s'appliquent aux plus petites particules de la matière ou à la vitesse de la lumière dans l'infini de l'espace. Cette expérience trouve ses origines dans ces régions tout à la fois merveilleuses et mystérieuses, commençant comme une énigme et finissant en général sous les rires et les applaudissements. Le mieux à faire est sans doute de la mettre en scène comme un défi : quelqu'un peut-il prendre ce glaçon et le sortir du plat sans se mouiller les doigts ?

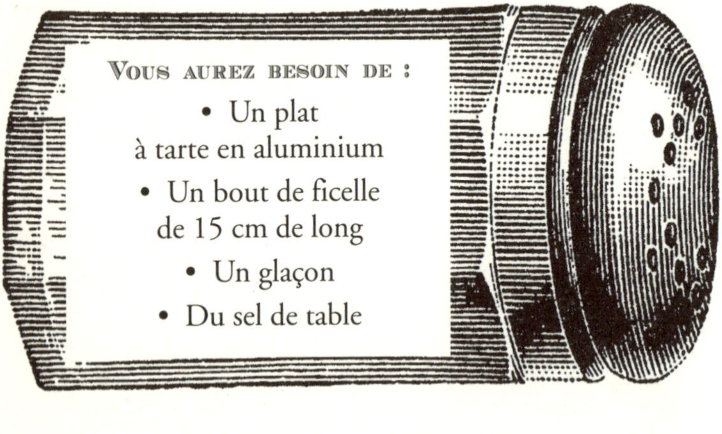

Vous aurez besoin de :

- Un plat à tarte en aluminium
- Un bout de ficelle de 15 cm de long
- Un glaçon
- Du sel de table

MÉTHODE

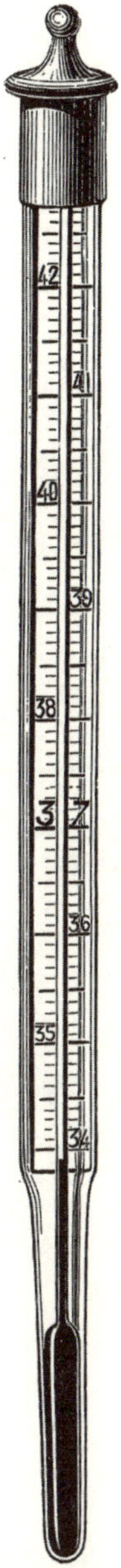

1. Rincez le glaçon et placez-le au centre du plat à tarte.
2. Posez la ficelle sur le glaçon.
3. Saupoudrez le glaçon de sel en vous assurant que l'essentiel se concentre sur la ficelle et son voisinage immédiat.
4. Soulevez délicatement la ficelle par ces deux extrémités, elle emportera avec elle le cube de glace.

LA CAUTION SCIENTIFIQUE

Le sel abaisse la température de solidification de l'eau (c'est la raison pour laquelle on sale les routes en hiver). Ici, le sel provoque la fonte d'un peu de glace au sommet du cube. L'eau salée est rapidement absorbée par la ficelle sèche, ce qui permet à l'eau au sommet du glaçon de se solidifier à nouveau. À partir de ce moment, une petite portion de ficelle se retrouve enfermée sous une mince couche de glace.

ATTENTION !

Assurez-vous que vous remontez les deux extrémités de la ficelle avec beaucoup de douceur, car tout mouvement brusque arrachera à coup sûr la mince croûte glacée qui retient la ficelle.

Dompter les éléments

Quand Freddie Mercury chantait « *thunderbolts and lightning, very very frightening* » (la foudre et les éclairs font vraiment, vraiment peur) dans *Bohemian Rhapsody*, il touchait un point sensible. Depuis l'aube de l'humanité, les Hommes ont été tout à la fois fascinés et effrayés par la force des éléments. Et, même si nous possédons de ces phénomènes une meilleure compréhension que les anciens, nous avons toujours beaucoup de mal à les relier aux forces à l'œuvre dans la vie de tous les jours. Les expériences qui suivent font appel à des ingrédients très courants – farine, eau, plat à tarte, stylo-bille – pour nous apprendre les secrets du temps qu'il fait.

Un éclair fait maison

Peut-on parler de la pluie et du beau temps sans exagérer un petit peu par-ci par-là ? Alors, d'accord, un *vrai* éclair est quelques milliards de fois plus puissant, mais cette expérience va néanmoins directement au cœur des origines scientifiques de la foudre – une décharge électrique. Dans la nature, les décharges se propagent de nuage en nuage. Ici les échelles resteront plus modestes – de la longueur d'un ongle. Mais, toutes lumières éteintes, et avec une bonne explication, cela peut faire son effet.

VOUS AUREZ BESOIN DE

- Un bloc de polystyrène de 30 × 10 × 3 cm
- Un stylo-bille
- De la colle
- Une punaise
- Un plat à tarte jetable en aluminium
- Une chaussette en laine

MÉTHODE

1. Enfoncez la punaise dans l'envers du plat en aluminium, bien au centre.
2. Fixez l'extrémité plastique du stylo-bille sur la pointe de la punaise, en ajoutant un peu de colle pour une meilleure tenue si nécessaire.

3. Frottez rapidement le bloc de polystyrène avec une chaussette en laine.
4. Soulevez le plat à tarte en aluminium avec le stylo (sans toucher le plat lui-même).
5. Posez délicatement le plat à tarte sur le bloc de polystyrène.
6. Éteignez les lumières et rapprochez progressivement votre doigt du fond du plat à tarte.
7. Vous devriez voir, entendre et sentir une petite étincelle.

LA CAUTION SCIENTIFIQUE

Le frottement engendre un flux d'électrons (particules négatives) de la laine vers le polystyrène, qui se chargent alors négativement. Des charges de même signe (plus et plus, ou moins et moins) se repoussent, donc l'excès d'électrons du polystyrène s'évacue vers la surface du plat à tarte dès que ces deux objets sont mis en contact. Ils attendent alors de pouvoir s'échapper du plat à tarte sans pouvoir passer par le stylo (qui est un isolant). Ils peuvent, par contre, traverser un corps humain et se précipitent sur le doigt de l'expérimentateur en franchissant le petit espace qui les en sépare.

ATTENTION !

Ce qui suit n'est pas une mise en garde de sécurité (c'est l'une des expériences les moins dangereuses de ce livre). Lisez ce qui suit comme une « recommandation si vous voulez que cette expérience réussisse ». Assurez-vous de ne toucher qu'au corps plastique du stylo-bille lorsque vous déplacerez le plat à tarte sur le bloc de polystyrène. Sinon, l'excès d'électrons s'enfuira en douce du polystyrène vers le plat à tarte, et de celui-ci vers votre main sans produire la moindre étincelle.

Il fait lourd, non ?

Le réchauffement de la planète, les émissions de dioxyde de carbone, la couche d'ozone – tout cela peu sembler un brin étouffant, en particulier pour de jeunes gens avec un bagage scientifique assez léger. Mais donnez-leur la chance de produire eux-mêmes un peu de dioxyde de carbone – et de saisir à quel point c'est une force avec laquelle il faut compter – peut-être alors prendront-ils un peu plus au sérieux le bilan carbone. En outre, il y a toujours quelque chose d'un peu angoissant dans ce travail des forces invisibles qui nous entourent. Construisez par vous-même une petite balance pour démontrer que ce gaz carbonique invisible pèse plus lourd que la même quantité d'air tout aussi invisible.

VOUS AUREZ BESOIN DE

- Deux petits sacs congélation transparents
- Un rouleau de scotch
- Une règle de 30 cm
- 3 c. à café de bicarbonate de soude
- Une punaise
- 100 ml de vinaigre
- Un verre à jus de fruit

MÉTHODE

1. Fixez la punaise (pointe en haut) sur une surface, proche du coin de la table ou du plan de travail.

2. Scotchez vos sacs congélation aux deux extrémités de la règle, grand ouvert vers vous.
3. Posez délicatement la règle en équilibre sur la pointe de la punaise pour en faire une balance.
4. Mélangez le vinaigre et le bicarbonate de soude dans le verre.
5. Quand le mélange commence à mousser, penchez le verre délicatement vers l'un des sacs plastiques ouverts. Ne laissez tomber aucune goutte de liquide ou même de mousse hors du verre.
6. Le sac sous le verre incliné devrait progressivement s'enfoncer sous le poids d'un nouvel ingrédient invisible.

— LA CAUTION SCIENTIFIQUE —

Le jeune étudiant en science studieux se souviendra que le mélange vinaigre/bicarbonate de soude est l'un des meilleurs moyens – c'est également le plus simple – pour produire du dioxyde de carbone. Le dioxyde de carbone est en effet l'un des produits de la réaction acide/base qui impliquent d'un côté le vinaigre (acide), de l'autre le bicarbonate de soude (basique). En outre le dioxyde de carbone est plus lourd que l'air. C'est la raison pour laquelle on peut le verser, comme on procéderait avec un liquide, dans l'un des sacs, ce qui fait pencher le plateau de la balance.

ATTENTION !

Penchez le verre doucement, une fois que vous aurez réalisé le mélange vinaigre, bicarbonate de soude. Quand vous vous serez donné le mal de construire cette balance si sensible, vous n'aurez pas envie de ficher en l'air votre expérience en renversant du liquide dans le sac – tout l'enjeu est de faire basculer le plateau sous le poids de ce gaz invisible !

Une bave gluante électrique

Voici peut-être l'une des meilleures expériences pour scientifiques en herbe ! Elle combine en effet ce qu'il faut du crasseux et du risque tout apparent associé à l'électricité pour se rendre à coup sûr simplement irrésistible. Voyez combien d'esprits vifs comprennent exactement ce qui se passe. Afin de donner à cette expérience un sens plus évident, essayer de réaliser d'abord *L'éclair fait maison* (p. 40).

Vous aurez besoin de :

- Un bloc de polystyrène de 20 × 20 × 3 cm
- 500 ml d'huile végétale
- Un grand verre à bière (idéalement une pinte) ou un verre doseur
- 100 g de maïzena
- Une chaussette en laine
- Un réfrigérateur

MÉTHODE

1. Mélangez l'huile et la maïzena dans le verre.
2. Laissez le mélange prendre au réfrigérateur.

3. Lorsque l'ensemble est bien frais, retirez du réfrigérateur et remuez (ne vous inquiétez pas si les deux produits se sont séparés).
4. Laissez le mélange se réchauffer suffisamment pour qu'il prenne une consistance fluide; il doit avoir une consistance proprement morveuse à ce stade.
5. Frottez le bloc de polystyrène sur la chaussette de laine (ou sur vos cheveux si vous n'avez pas de chaussette de laine sous la main).
6. Penchez le récipient de morve et positionnez le bloc de polystyrène chargé électriquement à environ 2 cm de la morve coulante. Elle devrait s'arrêter brutalement de couler et même sembler se geler.
7. Essayer d'agiter le polystyrène : une partie de la morve devrait se détacher et suivre le mouvement du polystyrène.
8. Vous pouvez conserver au réfrigérateur après cette expérience le reste de morve dans un récipient fermé.

— LA CAUTION SCIENTIFIQUE —

Lorsqu'il est frotté, le morceau de polystyrène arrache à la laine ou aux cheveux des électrons, qui lui confèrent une charge négative. De leur côté, l'huile et la maïzena se mélangent pour former une substance appelée colloïde. Quand le polystyrène chargé s'approche du colloïde, il induit un alignement des particules de maïzena dans la solution huileuse qui stoppe l'écoulement de l'ensemble. Dès que le polystyrène est éloigné, le mélange se comporte à nouveau comme une solution fluide visqueuse.

ATTENTION !

C'est l'une de ces rares expériences absolument sans danger qui ne nécessite pratiquement aucune mise en garde. Assurez-vous simplement que votre verre présente un volume suffisant pour contenir le mélange huile-maïzena.

Le canon à air géant

Des ingrédients très courants, une réalisation aisée, et des effets spectaculaires – un certain nombre d'expériences font décidément la queue pour figurer dans cet ouvrage. Ce canon à air est franchement amusant à fabriquer, en particulier avec de jeunes enfants. Vous pouvez élever la mesure du délire en ajoutant de la farine ou toute autre poudre inoffensive pour ajouter à l'effet général.

Vous aurez besoin de :

- Une solide feuille de plastique
- De l'adhésif pour colis
- De l'essuie-tout
- De la farine
- Une boîte en carton de 30 × 30 × 30 cm

Méthode

1. Débarrassez-vous des rabats de l'une des faces de la boîte en carton. Sur la face opposée, scotchez bien ensemble tous les rabats et découpez un cercle de 15 cm de diamètre.
2. Renforcez les bords de l'ouverture circulaire avec de l'adhésif.
3. Scotchez la feuille plastique sur le côté ouvert, en laissant du mou; laissez dépasser 12 cm sur chaque côté avant de la scotcher soigneusement.
4. Tirez entre deux doigts la feuille de plastique lâche en son centre et donnez-lui ensuite un coup brusque pour actionner le canon à air. Un vrombissement d'air remarquable devrait alors s'échapper de la bouche du canon.
5. Essayez de mettre un peu de farine au fond de votre canon avant de l'actionner. Une explosion de fumée devrait alors accompagner la déflagration d'air.

— La caution scientifique —

Peu importe la façon dont vous agrémentez cette expérience – avec de la farine ou toute autre forme de poudre sans danger – elle est franchement simple à comprendre. Tant que la feuille plastique est maintenue au large, l'intérieur du canon contient un grand volume, qui se remplit tout naturellement de l'air ambiant. Le coup brutal dans la feuille plastique réduit brusquement ce volume, provoquant une brutale expulsion d'air par la bouche du canon.

Attention !

Sans surprise, il s'agit là de l'une des expériences les moins à risques de ce livre.

Le glaçon incendiaire

Allumer un feu avec un bloc de glace ? L'affaire semble paradoxale ! Tentez cette expérience pour vous convaincre que les forces de la nature peuvent dépasser le sens commun. C'est assurément un spectacle que vous et votre auditoire ne serez pas près d'oublier.

Vous aurez besoin de :

- Un bol plastique peu profond à courbure régulière (d'environ 20 cm de diamètre)
- Assez de place sur l'étagère du congélateur pour accueillir ce bol
- Du papier de soie noir (ou de couleur sombre)
- De l'eau

MÉTHODE

1. Faites bouillir une casserole d'eau pendant 3-4 minutes et laissez le tout refroidir à température ambiante.
2. Remplissez le bol de l'eau préalablement bouillie.
3. Placez le bol d'eau dans le congélateur et laissez-le se solidifier entièrement.
4. Déchirez un petit bout de papier noir et déposez-le sur une assiette qui ne craint pas la flamme.
5. Démoulez la glace du bol (en faisant couler un peu d'eau tiède sur le fond du bol vous y arriverez sans difficulté).
6. Tenez le glaçon, en forme de lentille, au-dessus du papier et dirigez un rayon de soleil sur celui-ci.
7. Maintenez votre glaçon immobile jusqu'à ce que le papier commence à s'enflammer.

— LA CAUTION SCIENTIFIQUE —

Cette expérience fonctionne sur le même principe que celle consistant à éclairer un objet avec une loupe : celle-ci concentre, ou réfracte, la lumière des rayons de soleil et les focalise sur le bout de papier. La glace n'a que peu d'espoir de rafraîchir ces rayons lumineux ! Notez qu'il est important de bouillir l'eau au préalable pour obtenir un « verre » de lentille bien pur. L'eau contient à l'ordinaire un grand nombre de micro bulles de gaz en suspension et même les plus petites d'entre elles (bien trop petites pour que nous puissions les apercevoir) peuvent fausser la lentille et la rendre moins efficace.

ATTENTION !

Il n'y a que peu de dangers attachés à cette expérience. Vous n'avez pas besoin d'utiliser un grand morceau de papier – l'objet de l'expérience est juste de montrer la puissance potentielle de la lentille. Et, dans tous les cas, il n'y a que peu de risques d'incendie : si vous laissez le papier s'enflammer, veillez simplement à l'éteindre rapidement.

Les nourritures spirituelles

Aussi incroyable que cela puisse paraître, il n'est pas de disciplines scientifiques qui ne puissent être étudiées dans votre cuisine, en utilisant tout bonnement ce que contiennent habituellement vos placards, réfrigérateur, garde-manger ou tiroir à couverts. Des tourbillons de fumée noire, des morceaux de pomme de terre volants, une main qui grossit mystérieusement toute seule – c'est de cette étoffe que la Science est faite. Les produits de ces expériences pourront même dans quelques cas être directement consommables. D'autres disparaîtront purement et simplement. Après cela, la « science domestique » prendra tout à coup une saveur nouvelle.

Un écran de fumée arôme bacon

Sans doute cherchiez-vous un prétexte pour vous laisser entraîner dans le monde des écrans de fumée. Populaires auprès des jeunes comme de leurs aînés, le peu de science qui se cache derrière eux pourra de plus vous permettre de garder la tête haute. C'est une manipulation facile, pratiquement inratable qui présente de surcroît l'avantage non négligeable de nous laisser, au final, quelque chose à se mettre sous la dent.

Vous aurez besoin de :

- Des tranches de lard (gras) ou un bloc de saindoux
- Une poêle à frire
- Une feuille de papier aluminium de 20 × 15 cm
- De la ficelle
- Des allumettes

Méthode

1. Coupez le gras du lard et faites-le frire jusqu'à ce qu'il devienne liquide.
2. Tandis que le gras est en train de fondre, formez un tube cylindrique avec le papier d'aluminium, dont vous fermerez l'une des extrémités et conserverez l'autre ouverte.
3. Quand le gras aura complètement fondu, versez-le dans le tube.

4. Coupez un bout de ficelle 2 à 3 cm plus long que la hauteur du tube.
5. Quand la graisse commencera à figer, tout en restant malléable, introduisez la ficelle au centre de votre cylindre de graisse en laissant dépasser 2-3 cm (ils vous serviront de mèche).
6. Lorsque la graisse sera complètement prise, dégagez-la du tube d'aluminium et posez-la sur un support non inflammable (en papier aluminium par exemple).
7. Allumez la mèche, votre cierge brûlera comme une bougie mais en émettant une épaisse fumée noire.

— LA CAUTION SCIENTIFIQUE —

Une voiture, à laquelle on ne fournit pas le bon carburant (le mélange adéquat d'essence et d'oxygène) ne produit pas de combustion explosive et l'essence se consume en dégageant une grande quantité de fumée. Cette expérience présente une version simplifiée du même phénomène – un mélange présentant un excès de combustible (le gras) et un faible taux d'oxygène nous offre un carburant à combustion lente. Les impuretés intrinsèques aux graisses animales (des particules de viande et d'os qui dégagent des cendres noires) expliquent que cette fumée soit particulièrement sombre.

ATTENTION !

L'écran de fumée, bien qu'inoffensif, est envahissant. Et c'est bien là l'effet désiré, cependant il convient d'en tenir compte et de prévoir la ventilation en intérieur, la vitesse et la direction du vent en extérieur, ainsi que ceux qui pourraient être indisposés par la vue ou l'odeur de la fumée.

PRENEZ GARDE AUX ALLUMETTES

Cette expérience nécessite l'usage d'allumettes et doit par conséquent être encadrée par un adulte responsable.

Le pistolet à patates

Cette expérience s'empare de la notion de combat pour la nourriture et y introduit l'idée d'une course aux armements. Les munitions principales sont pourtant extrêmement basiques – la très humble pomme de terre. Mais avec un peu de préparation et l'aide opportune du principe de Boyle, la pomme de terre devrait suivre ici une trajectoire littéralement fulgurante.

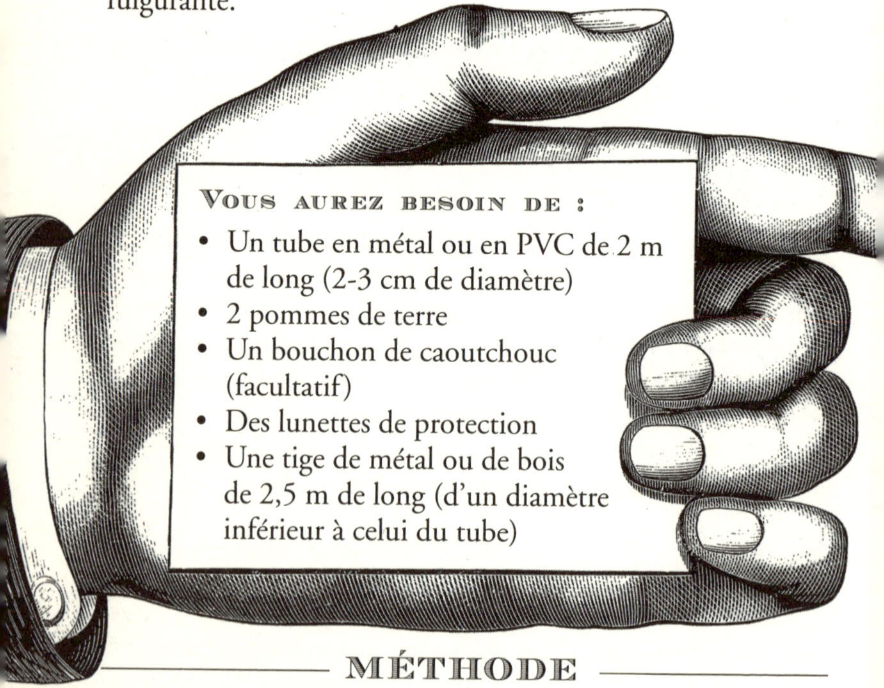

Vous aurez besoin de :

- Un tube en métal ou en PVC de 2 m de long (2-3 cm de diamètre)
- 2 pommes de terre
- Un bouchon de caoutchouc (facultatif)
- Des lunettes de protection
- Une tige de métal ou de bois de 2,5 m de long (d'un diamètre inférieur à celui du tube)

MÉTHODE

1. Enfoncez l'extrémité du tube dans une pomme de terre, de sorte qu'un bouchon de patate s'y retrouve coincé.
2. Répétez la même manœuvre avec l'autre extrémité du tube sur une nouvelle pomme de terre. Vous avez maintenant un bouchon de patate à chaque extrémité de votre tuyau.

3. Tenez le tube d'une main en pointant l'une de ces extrémités dans une direction opposée à la vôtre – et loin de toute cible vulnérable.

4. Positionnez la tige au niveau de l'extrémité la plus proche de vous, au contact du bouchon de pomme de terre. (Si votre tige est beaucoup plus étroite que le tube, munissez-la d'un bouchon de caoutchouc au niveau du bout au contact de la pomme de terre).

5. Mettez vos lunettes de protection et enfoncez rapidement la tige dans le tube, poussant ainsi l'un des bouchons de pomme de terre à la rencontre de l'autre.

6. Le bouchon à l'extrémité opposé (la « bouche du canon ») sera expulsé violemment !

— LA CAUTION SCIENTIFIQUE —

Cette expérience est une démonstration explosive du principe de Boyle – la pression croît quand le volume décroît. En termes scientifiques, elle s'énonce ainsi : « À température constante, le volume d'un gaz est inversement proportionnel à la pression qui lui est appliquée. » Dans cette expérience le gaz est l'air enfermé dans le tube, entre les deux bouchons de pomme de terre. Quand vous poussez la tige dans le tube, vous rapprochez ces deux bouchons, ce qui réduit brutalement le volume du gaz. Quelque chose doit alors céder : l'augmentation brutale de pression envoie voler l'un des bouchons de pomme de terre.

—— ATTENTION ! ——

Ne visez aucun de vos spectateurs avec votre pistolet à patates – et évitez également de pointer une faïence ou toute autre chinoiserie.

La main de Frankenstein

Voici une démonstration « haut la main » d'un principe scientifique qui nous a servi plus d'une fois dans les expériences de ce livre : la très classique réaction acide-base. Vous pouvez ajouter à cette expérience une petite touche Halloween en dessinant sur le gant une ossature, des vaisseaux sanguins ou des boulons. Les jeunes enfants adoreront cette illusion d'une main qui grossit démesurément.

Vous aurez besoin de :

- Un gant de caoutchouc
- 2 c. à café de bicarbonate de soude
- 50 ml de vinaigre
- Un gobelet cylindrique de 250 ml

MÉTHODE

1. Versez le vinaigre dans le gobelet.
2. Mettez le bicarbonate de soude à l'intérieur du gant. Tenez le gant par son poignet et agitez-le de sorte que la poudre tombe au fond des doigts.

3. Attachez avec soin le gant à l'ouverture du gobelet de façon à avoir une jonction parfaitement étanche.
4. Tenez le gant debout par l'extrémité de ses doigts et secouez doucement afin de faire tomber le bicarbonate de soude dans le gobelet.
5. Écartez-vous et regardez gonfler la main de Frankenstein.

LA CAUTION SCIENTIFIQUE

Le bicarbonate de soude est du point de vue de la chimie une base, qui réagit rapidement avec l'acide acétique du vinaigre. L'un des produits de cette réaction est le dioxyde de carbone (gaz carbonique), ce qui accroît la pression présente dans le système formé par le gobelet et le verre. Plus la réaction dégage de gaz, plus la pression augmente et exerce une force sur la surface la plus déformable (le gant de caoutchouc), le gonflant progressivement.

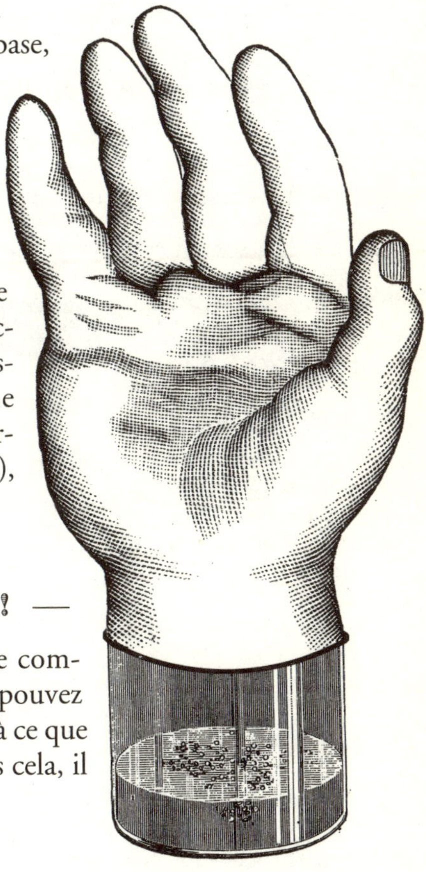

— ATTENTION ! —

C'est une expérience très sûre comportant peu de risques. Vous pouvez éventuellement prendre garde à ce que le gant ne gonfle pas trop, sans cela, il pourrait s'envoler du gobelet.

L'œuf qui sautait à l'élastique

Avez-vous déjà pratiqué le saut à l'élastique ? Tremblez-vous rien qu'à cette idée ? Et si on en tentait une petite version domestique, en ajoutant une touche potentiellement très salissante, à savoir un œuf qui pourrait tout bonnement vous exploser en pleine figure.

VOUS AUREZ BESOIN DE

- 6 œufs
- Une paire de vieux bas
- Du scotch robuste
- Des ciseaux
- Une règle
- Quelques pièces jaunes
- Une échelle (si vous n'avez aucune branche d'arbre sous la main)
- Un vieux journal

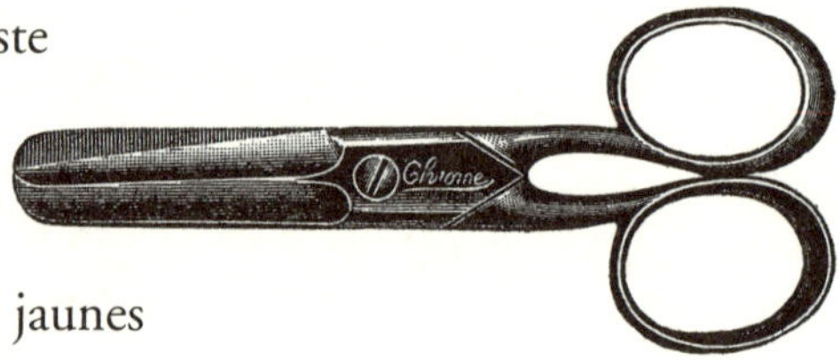

MÉTHODE

1. Choisissez soigneusement l'endroit où vous voulez organiser votre saut à l'élastique : idéalement une branche d'arbre à l'extérieur, mais vous pouvez également utiliser une échelle. Vous voulez ici que votre œuf s'approche à 3 cm du sol, mais pas plus près. Utilisez la règle pour mesurer cette distance.

2. Évaluez le poids de l'œuf au préalable pour faire une expérience test : tenez l'œuf dans une main et ajoutez des pièces jaunes dans l'autre jusqu'à ce que vous ayez le sentiment que la pile de pièces pèse à peu près autant que l'œuf.
3. Ajoutez la « valeur œuf » en pièces jaunes dans l'une des jambes du bas et scotchez l'autre extrémité à la branche de l'arbre ou à un barreau de l'échelle.
4. Réalisez l'expérience test – laissez tomber les pièces et vérifiez à quelle distance du sol elles restent suspendues. Faites alors les ajustements nécessaires au niveau de l'attache du bas à l'arbre.
5. Vous pouvez maintenant tenter le saut à l'élastique avec un œuf à la place des pièces.

— LA CAUTION SCIENTIFIQUE —

Le nylon ou le tissu des bas a une certaine élasticité – la force qu'on lui applique l'étirera jusqu'à ce que la résistance de la matière le ramène à sa longueur initiale. Les mesures et les expériences préliminaires pourront passer dans leur ensemble comme un amusement, mais vous – ou votre assistant – êtes en réalité en train d'évaluer les paramètres de la célèbre équation :

Force = Masse × Accélération

Bien joué, Newton !

ATTENTION !

Si, pour une raison ou pour une autre, vous faites cette expérience en intérieur ayez soin de tapisser votre piste d'atterrissage de vieux journaux. Et, si vous êtes un peu maniaque – ou si vous êtes déjà passé très près de la catastrophe – vous pouvez toujours réaliser cette expérience avec une balle de golf ou un galet.

Changer le lait en pierre

Il y a quelque chose de quasiment biblique dans l'intitulé de cette expérience. Mais une fois que vous l'aurez réalisée et que vous aurez compris ce qui s'y passe, vous vous souviendrez également des jattes alignées, pleines de lait toujours plus crémeux. Mais quelles que soient vos références (peut-être ni l'une ni l'autre), ce petit tour grimpe très haut au hit-parade des trucs « trop forts » de notre jeune public.

VOUS AUREZ BESOIN DE

- 350 ml de lait écrémé
- 4 c. à soupe de vinaigre
- Un micro-onde
- Un bol mélangeur passant au micro-onde
- Une passoire

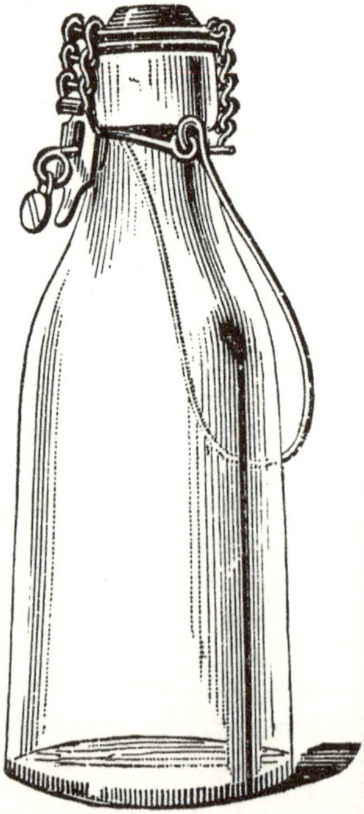

MÉTHODE

1. Versez le lait dans le bol mélangeur.
2. Ajoutez le vinaigre.
3. Mettez cette mixture au micro-onde et laissez chauffer 1 minute.

4. Retirez le bol du micro-onde : il contient maintenant une phase liquide et une phase solide.
5. Égouttez la partie solide dans la passoire.
6. Laissez-la refroidir et modelez-la en une forme, qui durcira en refroidissant.

La caution scientifique

L'acide contenu dans le vinaigre sépare le caillé (la pâte) du petit-lait (le liquide). La protéine du caillé lui donne ses propriétés caoutchouteuses – et en effet, les premiers plastiques ont été autrefois fabriqués à partir d'un procédé très proche de cette expérience.

Attention !

Assurez-vous qu'une personne responsable utilise le micro-onde. Hormis cela, cette expérience est sans danger.

Les céréales de Popeye

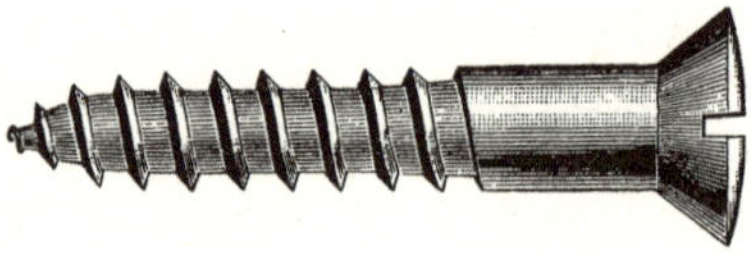

Pas étonnant qu'elles soient si croustillantes ! En fait, les fabricants de céréales s'appliquent depuis longtemps à nous fournir notre apport en minéraux essentiels lors du petit-déjeuner quotidien. Peut-être cette expérience ne sera-t-elle qu'un tremplin vers des exploits plus lucratifs : « Ces céréales valent peut-être de l'or ! »

— VOUS AUREZ BESOIN DE —

- Une portion de céréales de petit-déjeuner supplémentées en minéraux (vérifiez dans les ingrédients la présence de fer)
- Une bande magnétique
- Un abaisse-langue
- Un bol mélangeur non métallique (d'une capacité minimum de 500 ml)
- 2 sacs congélation à fermeture hermétique
- De l'eau

MÉTHODE

1. Embobinez de bande magnétique l'une des extrémités de l'abaisse-langue et enfermez l'ensemble dans l'un des deux sacs congélation.

2. Mettez les céréales dans l'autre sac et broyez-les.

3. Versez les céréales broyées dans le bol mélangeur et recouvrez-les d'eau.

4. Tout en le laissant dans le sac congélation, utilisez l'abaisse-langue aimanté pour remuer vos céréales pendant une dizaine de minutes.

5. Retirez ce dispositif du bol mélangeur et observez le fin dépôt de métal sur la surface du plastique.

– LA CAUTION SCIENTIFIQUE –

Les humains ont besoin de fer et d'autres minéraux dans leur régime quotidien. La plupart des céréales sont ainsi supplémentées pour nous aider à satisfaire nos besoins. En temps normal, nous n'y pensons même pas, mais après avoir vu le résultat de cette expérience cela semblera à tous un peu plus évident – et peut-être un peu moins bon. Ces suppléments ferreux sont oxydés dans notre estomac et absorbés au niveau de l'intestin grêle. Ainsi, si l'on tentait d'extraire tout le fer contenu dans notre corps, nous aurions de quoi faire 2 petits clous.

ATTENTION !

Cette expérience ne présente aucun danger, mais soyez patient au moment de la phase de récolte. Les dix minutes peuvent sembler longues mais nous parlons ici de quantités infimes de fer, et toute précipitation pourrait ruiner l'expérience.

La cuillère électrique

Nous avons tous eu ce sentiment de panique alors que nous suivions les indications d'une recette « Et mince ! J'ai mélangé les ingrédients trop tôt ! Ils sont censés être encore séparés à cette étape. » Imaginez alors que vous puissiez remonter le temps et séparer ces ingrédients un à un, les uns après les autres. Laissez courir votre imagination un peu plus loin et dites-vous que vous pourriez le faire aussi avec le sel et le poivre. Impossible ? Lisez ce qui suit et songez-y !

— VOUS AUREZ BESOIN DE —

- 1 c. à café de sel
- 1 c. à café de poivre noir moulu
- Une cuillère en plastique
- Une chaussette en laine (vos cheveux feront l'affaire si vous n'avez pas de chaussette sous la main)
- Un bout de papier (facultatif)

— MÉTHODE —

1. Mélangez le sel et le poivre sur une surface lisse et sèche.
2. Frottez la cuillère vigoureusement avec la chaussette de laine (ou vos cheveux).
3. Doucement et précautionneusement, abaissez votre cuillère vers le mélange sel-poivre.

4. Lorsque la cuillère n'est plus qu'à quelques centimètres, le poivre sautera grain par grain vers la surface de la cuillère.
5. Vous pouvez arrêter là l'expérience si vous voulez vous contenter de montrer comment ça marche. Si vous voulez obtenir une séparation complète, poursuivez l'expérience jusqu'aux étapes 6 et 7.
6. Glissez un morceau de papier sous la cuillère et faites tomber les grains de poivre moulu dessus.
7. Frottez de nouveau la cuillère avec la chaussette de laine et recommencez jusqu'à ce que tout le poivre ait sauté dans la cuillère et qu'il ne reste plus sur la surface qu'un petit tas de sel.

– LA CAUTION SCIENTIFIQUE –

Un certain nombre d'expériences de ce livre – et celle-ci en fait partie – repose sur la création d'un flux électrique engendré en frottant un plastique ou une autre matière avec un objet en laine. Lorsque la cuillère en plastique chargée négativement est approchée du tas de sel et de poivre, elle charge elle-même mélange sel-poivre par un processus physique appelé induction. La partie la plus proche du tas de sel et de poivre acquiert une charge positive et la partie la plus éloignée une charge négative. En vertu du principe selon lequel les opposés s'attirent, les grains de poivre, puis de sel, vont sauter dans la cuillère.

ATTENTION !

Le poivre sautera le premier car il est plus léger que le sel. C'est la raison pour laquelle il convient d'abaisser doucement votre cuillère vers le tas de sel-poivre : si vous procédez trop brusquement, le sel et le poivre sauteront en même temps. Enfin, si vous voulez mener à son terme votre « entreprise de tri », quand vous aurez extrait tout le poivre, vous pouvez continuer selon la même méthode, en vous contentant d'approcher un peu plus la cuillère pour recueillir le sel.

Une crème glacée de première

Dans nos expériences déjantées, on en trouve beaucoup qui provoquent du boucan, des odeurs et des détonations explosives. Mais rares sont celles qui offrent au final un truc sympathique à manger. Cette expérience fait exception. Elle est amusante, hasardeuse, peut devenir vraiment très salissante mais, elle nous permet de fabriquer une des meilleures glaces maison qu'il vous sera donné de goûter.

VOUS AUREZ BESOIN DE

- 250 ml de crème épaisse
- 250 ml de lait entier
- 70 g de sucre en poudre
- 200 g de gros sel
- Un gros sac de glaçons
- Une boîte à café vide et son couvercle en plastique
- Un grand seau en plastique de 15 l avec son couvercle
- 2 c. à café d'extrait de vanille liquide

MÉTHODE

1. Mélangez dans le pot à café la crème, le lait, le sucre et l'extrait de vanille. Le mélange ne doit pas occuper plus de la moitié du volume du pot.

2. Fermez le pot de café avec son couvercle et mettez-le au fond du grand seau.
3. Déposez une couche de 10 cm de glace au fond du seau autour de la boîte à café, puis ajoutez-y le gros sel.
4. Remplissez le reste du seau de glace et fermez bien le couvercle.
5. Maintenant, demandez à vos assistants de s'amuser à faire rouler en tous sens votre seau pendant une bonne dizaine de minutes.
6. Ouvrez le seau, extrayez-en la boîte à café. Une couche de crème glacée gelée doit recouvrir les rebords de la boîte. Mélangez au liquide bien réfrigéré qui est à l'intérieur pour obtenir la consistance adéquate.

— LA CAUTION SCIENTIFIQUE —

La clé de cette expérience réside dans l'ajout de sel, qui abaisse la température de solidification de la glace. En remuant le seau en tous sens, on provoque la fonte des glaçons (les frottements engendrés par les chocs sont à l'origine d'un dégagement de chaleur). L'eau devrait normalement reprendre rapidement en glace, mais la présence de sel lui permet de rester liquide alors qu'elle est en dessous de sa température de fusion. Cette eau sur-réfrigérée refroidit la boîte à café, et l'appareil à glace commence à prendre. En outre, l'agitation subie par le seau remue le mélange glacé et évite ainsi la formation de gros cristaux dans la crème.

ATTENTION !

Au cours de cette expérience, les assistants ont souvent la fâcheuse habitude de devenir trop zélés lors de la phase de roulé-boulé du seau. Pour cette raison, il peut être judicieux de scotcher soigneusement au préalable les deux couvercles (celui de la boîte à café et celui du seau) afin qu'ils restent en place lors de cette manipulation.

Du riz béton

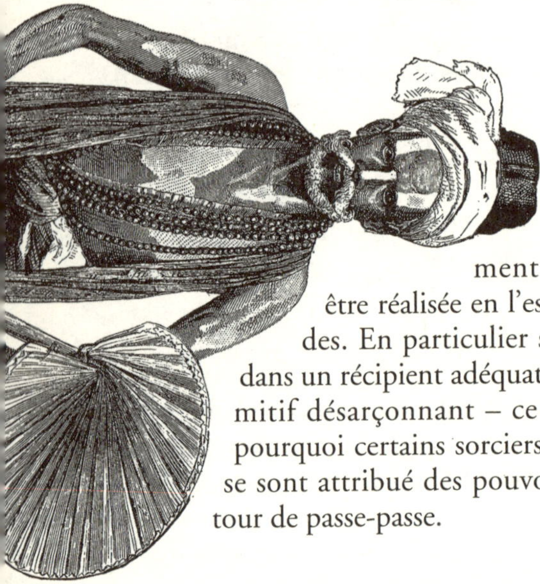

Cette expérience incroyable et totalement contre-intuitive peut-être réalisée en l'espace de quelques secondes. En particulier si vous stockez votre riz dans un récipient adéquat. Elle a un petit côté primitif désarçonnant – ce qui explique peut-être pourquoi certains sorciers indiens peu scrupuleux se sont attribué des pouvoirs magiques grâce à ce tour de passe-passe.

Vous aurez besoin de :

- Un récipient en plastique de 500 ml
- 1 kg de riz (assez pour remplir le récipient)
- Un couteau pointu

MÉTHODE

1. Remplissez le récipient de riz.
2. Donnez plusieurs coups de couteau, en enfonçant la lame à mi-course dans le riz, de préférence dans un coin.
3. Plantez la lame du couteau entièrement dans le riz.
4. Tirez brusquement sur le manche du couteau, il emmènera alors avec lui le récipient de riz et son contenu.

LA CAUTION SCIENTIFIQUE

La force de pression exercée par des milliers de grains de riz sur la lame du couteau est de façon surprenante suffisante pour contrebalancer la force de gravité. Les coups de couteau préliminaires donnés au riz auront permis de ménager une fente étroite pour la lame. Le couteau est ensuite suffisamment pointu pour être planté dans ce réseau de pression, mais les grains de riz retiendront ensuite la lame de toute part pour la maintenir en place.

ATTENTION !

Seul un adulte peut-être autorisé à jouer ainsi du couteau. Les spectateurs devront en outre se tenir à une distance raisonnable. Mis à part cela, cette expérience est sans danger.

Œufs à poil

À la télé, les chefs cuisiniers peuvent toujours compter sur « une préparation faite en avance » pour mener à son terme une recette un peu longue. Si vous prévoyez de faire cette expérience devant un public, vous pourrez avoir envie d'adopter la même démarche, car deux bons jours de préparation sont nécessaires. (Et cela prend encore un ou deux jours pour avoir la récompense finale.) Deux œufs sont recommandés pour l'expérience, bien qu'un seul soit réellement nécessaire. L'œuf supplémentaire est en fait gardé en réserve, car ces œufs dénudés deviennent vraiment fragiles sortis de leurs coquilles.

VOUS AUREZ BESOIN DE

- 2 œufs
- 1 l de vinaigre
- 150 ml de sirop de sucre
- 1 cuillère en bois
- Une grande tasse à café cylindrique
- Un bol mélangeur en plastique de 1 l avec son couvercle

MÉTHODE

1. Mettez les 2 œufs dans le bol mélangeur. Couvrez de vinaigre, posez le couvercle sur le bol et réservez le tout au réfrigérateur.
2. Après 24 h environ, débarrassez-vous délicatement du vinaigre (les coquilles doivent être presque entièrement digérées). Recouvrez à nouveau de vinaigre pour 24 h.
3. À ce stade (48 h du début), sortez les œufs du bol mélangeur avec une cuillère en bois, rincez-les et posez les délicatement sur le côté. Jetez le vinaigre.

4. Montrez bien l'un des œufs à vos spectateurs, en le présentant dans la cuillère en bois, et placez-le dans la tasse à café. Enfin, couvrez de sirop de sucre.

5. Après encore 24 h, retirez l'œuf et regardez comme il est devenu flasque.

6. Jetez le sirop, rincez la tasse et remettez l'œuf à l'intérieur. Couvrez-le cette fois d'eau.

7. Après encore 24 h (c'est-à-dire 48 h de l'étape 3 et 4 jours du début de cette expérience), vous constaterez que votre œuf a repris forme.

— LA CAUTION SCIENTIFIQUE —

Plusieurs mécanismes rentrent ici en jeu, tous en relation avec la chimie. Pour enlever la coquille et dénuder ainsi l'œuf, vous l'avez immergé dans le vinaigre. L'acide acétique du vinaigre digère les cristaux de calcite de la coquille, découvrant la membrane coquillière qui entoure l'œuf. Cette membrane est hémiperméable, elle ne se laisse traverser que par l'eau qui se déplace du compartiment le plus aqueux, à faible osmolarité (le blanc d'œuf, par exemple, contient 90 % d'eau) vers le compartiment le moins aqueux, à forte osmolarité (le sirop de sucre ne contient que 25 % d'eau). En remplaçant dans la tasse à café le sirop de sucre par de l'eau pure, on inverse simplement le sens du flux d'eau.

ATTENTION !

Aucun des ingrédients utilisés ici n'est dangereux, la mise en garde principale est donc d'être le plus soigneux possible lors du maniement des œufs une fois leur coquille dissoute. La membrane coquillière ne fait que maintenir les choses à l'intérieur… pas plus… raison pour laquelle nous vous recommandons chaudement d'avoir au moins un œuf en réserve.

Guimauve et gonflette

Au cas où vous viendriez de passer quatre jours sur la précédente expérience, à soigner vos œufs en train de se dénuder, nous avons pensé que vous apprécierez maintenant un p'tit truc sur le pouce. Cette expérience est probablement la plus rapide et la plus simple de ce livre, si vous possédez chez vous un récipient de stockage sous vide (souvent vendue pour conserver le café ou le vin). Et le meilleur est sans doute que vous ne pouvez que remporter votre mise en terme d'enthousiasme. Vous ne serez plus capable après cela de lire « diminution drastique » en gardant votre sérieux.

Vous aurez besoin de :

- Un récipient de stockage d'un volume de 1 l muni d'une pompe à vide
- Des guimauves (de belle taille et bien gonflée)

Méthode

1. Remplissez presque entièrement le récipient de guimauves.
2. Fermez votre récipient et pompez pour en extraire autant d'air que possible.

3. Regardez alors vos guimauves, lesquelles auront gonflé bien au-delà de leur volume initial.

4. Relâchez la pompe et regardez vos guimauves retrouver leur taille.

— LA CAUTION SCIENTIFIQUE —

Simple, mais terriblement impressionnant et distrayant. Pomper l'air hors du récipient en réduit la pression intérieure. Quand vous songez que les guimauves sont constituées en majeure partie de bulles d'air, reliées entre elles par quelques liens solides, vous imaginez facilement comment l'air de ces bulles va s'étendre pour occuper tout le volume déprimé qui les entoure. Les parties solides des guimauves (les petites zones sans bulles) sont suffisamment élastiques pour se déformer avec les bulles qui gonflent. Quand vous relâchez l'action de la pompe, les guimauves se dégonflent aussitôt.

ATTENTION !

Comment imaginer que quelque chose pourrait tourner mal avec des guimauves, bon sang !

Le lait qui disparaît

Bon nombre d'expériences de ce livre sont suffisamment invraisemblables pour pouvoir être qualifiées de tours de magie. Celle-ci en fait partie. Vos spectateurs seront bluffés quand ils vous verront vous verser un bon verre de lait puis tenter de le reverser dans la carafe, sans l'avoir bu. Mais le lait a disparu ! Que s'est-il passé ? La science est-elle coupable ?

VOUS AUREZ BESOIN DE :

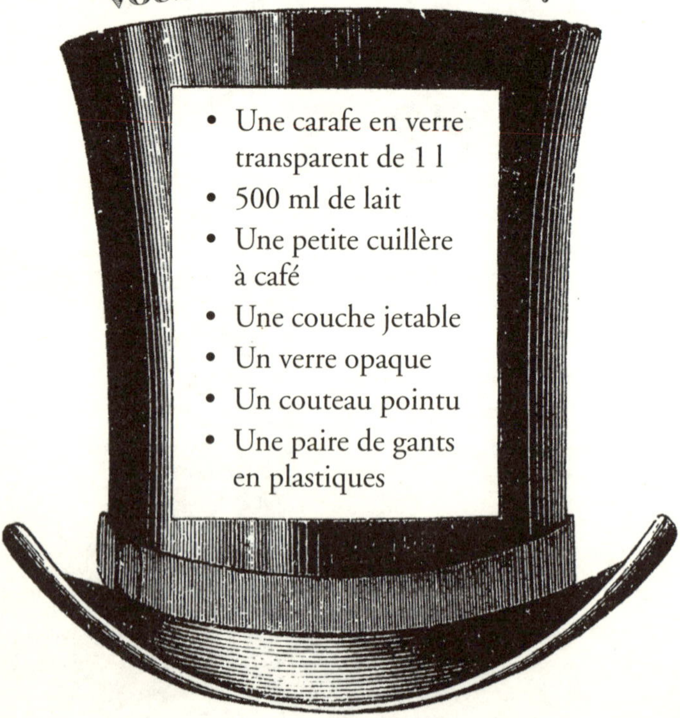

- Une carafe en verre transparent de 1 l
- 500 ml de lait
- Une petite cuillère à café
- Une couche jetable
- Un verre opaque
- Un couteau pointu
- Une paire de gants en plastiques

MÉTHODE

1. Muni de gant, éventrez le centre d'une couche jetable avec votre couteau pointu.
2. Prélevez une cuillère à café de la poudre contenue à l'intérieur de la couche (du polyacrylate de sodium) et mettez-la dans le verre à boire.
3. Versez le lait dans la carafe. Vous êtes maintenant prêt à réaliser votre tour devant un public.
4. Tenez devant vous le verre vide et la carafe pleine, un dans chaque main.
5. Versez du lait dans le verre.
6. Dites à vos spectateurs que vous avez changé d'avis, que vous ne voulez plus de ce lait, et que vous allez le reverser dans la carafe. Essayez de verser le lait du verre vers la carafe. Pas une goutte ne coulera.

– LA CAUTION SCIENTIFIQUE –

Le polyacrylate de sodium, la « substance active » de la plupart des couches jetables, est un produit très absorbant. Un essai a montré qu'il était capable d'absorber 800 fois son propre poids en eau, constituant principal du lait. Le polyacrylate de sodium et le lait se mélangent ici pour former un gel, qui colle au fond du verre. Quand vous le retournez pour reverser le lait dans la carafe, rien n'en sortira.

ATTENTION !

Le polyacrylate de sodium est irritant pour les yeux et les muqueuses, prenez garde lorsque vous en manipulerez et portez toujours des gants. Enfin, un conseil pratique, ce tour marche mieux si vous n'utilisez pas un verre transparent. De cette façon vos spectateurs n'ont aucune chance de remarquer le lait gélifié au fond du verre.

La paille dans l'œil de la patate

Peu d'entre nous ont eu à affronter la force indomptée d'une tornade. Ses vents de 500 km/h sont suffisamment forts pour enfoncer un fétu de paille au travers d'un poteau téléphonique. Ainsi, vous pouvez imaginer que si vous aviez laissé une paille à boire à côté d'une pomme de terre à l'approche d'une tornade, vous auriez pu trouver à votre retour la pomme de terre embrochée par la paille. Mais pouvez-vous obtenir le même résultat manuellement ? Lisez ce qui suit, et vous découvrirez comment y arriver.

VOUS AUREZ BESOIN DE

- Une pomme de terre crue
- Une paille rigide (non flexible)
- Un gant de jardin (le gauche si vous êtes droitier et vice-versa)

MÉTHODE

1. Enfilez le gant de jardin.
2. Tenez la pomme de terre dans la main gantée, en la serrant entre le pouce et l'index.
3. Continuez à tenir la pomme de terre d'une main ferme, prenez la paille (en la tenant par son milieu) et alignez-la avec la pomme de terre.

4. Reculez doucement la paille, puis plantez la paille rapidement dans la pomme de terre.

5. Si vous êtes suffisamment rapide – et si la paille est suffisamment solide – vous transpercerez la pomme de terre avec la paille.

LA CAUTION SCIENTIFIQUE

La forme cylindrique de la paille lui donne une force surprenante sur sa longueur, bien qu'elle reste faible et flexible sur son travers. Cette solidité, associée à l'étroitesse et à l'aigu de son extrémité, permet à la paille de transpercer sans effort une pomme de terre.

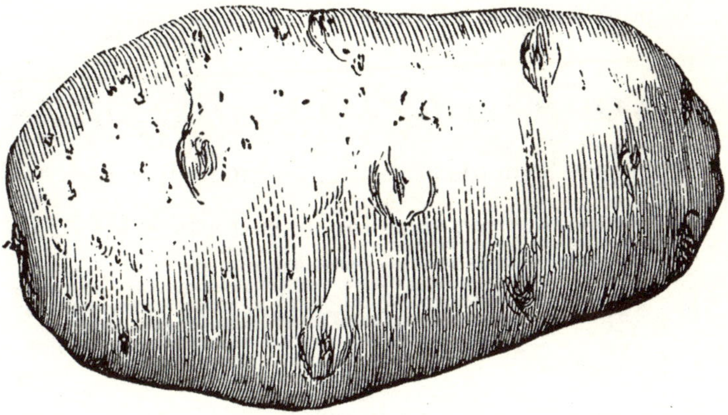

ATTENTION !

Cette expérience est assez sûre, bien que cette force effilée de la paille puisse provoquer également des blessures au niveau de la main, ce que vous ne recherchez pas nécessairement (d'où l'utilité du gant de jardin).

Les pois sauteurs

Ce petit bijou d'expérience pèse lourd sur le plateau « caution scientifique » de la balance, puisqu'elle nous offre une vraie opportunité de montrer – ou d'apprendre – beaucoup sur la physiologie des végétaux. Bon, il y a bien évidemment un à-côté plus jubilatoire. Il y aura accessoirement ce sinistre « plic-ploc » que les autres (ceux qui ne sont pas complices) trouveront tout à la fois intrigant et dérangeant. Trouvez différents endroits dans la cuisine – ou ailleurs – pour cacher l'installation; essayez de trouver un endroit qui résonne. Vous pouvez même ajouter un peu de papier aluminium froissé au fond du plat à tarte pour accroître un peu la variété sonore. Avec une apparente patience, les pois semblent littéralement faire la queue pour sauter hors du verre.

VOUS AUREZ BESOIN DE

- Un verre à vin (de préférence un ballon de rouge)
- Un plat à tarte en métal fin ou un couvercle (de 20 à 25 cm de large, soit carré soit circulaire)
- Des pois secs (assez pour remplir le verre de vin)
- De l'eau
- Un verre à bière à grande embouchure (à peu près 6 cm de diamètre) et à large base

MÉTHODE

1. Remplissez le verre à vin de pois secs à ras bord.
2. Ajoutez de l'eau jusqu'au bord du verre à vin.

3. Posez le plat à tarte ou le couvercle en équilibre sur le verre à bière.

4. Posez maintenant le verre à vin au centre du plat à tarte ou du couvercle.

5. Lentement, et durant les quelques heures qui suivront, les pois secs se gonfleront d'eau et commenceront à tomber – avec un curieux « plinc » – sur le plat à tarte ou le couvercle.

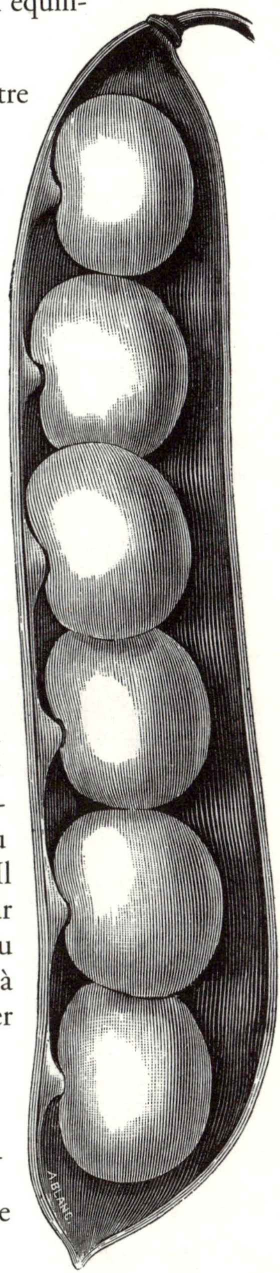

—— LA CAUTION SCIENTIFIQUE ——

Cette expérience est une introduction idéale à l'osmose, procédé par lequel un flux d'eau passe d'un compartiment aqueux ou faiblement concentré (le verre rempli d'eau) vers un compartiment peu aqueux ou concentré (le pois sec). Un enfant curieux saisira mieux alors comment les plantes peuvent extraire l'eau du sol. Dans cette démonstration, donc, chaque pois sec gonfle au fur et à mesure qu'il pompe plus d'eau. Il n'y a littéralement plus assez de place pour tous ces pois qui culbutent alors hors du verre à vin. Le fait d'avoir posé le plat à tarte sur un gros verre permet d'amplifier chacun des « plic-ploc ».

—— ATTENTION ! ——

Assurez-vous de ne pas avoir posé cette installation en équilibre précaire.

L'œuf dans la bouteille

En voici une autre qui repose sur le principe scientifique de la création d'un vide. Ici, c'est un œuf dur qui est aspiré dans une bouteille lorsqu'on enlève les allumettes. Si tout cela vous semble trop simple, vous pouvez tenter la version œuf cru (voir l'étape 5 de la rubrique méthode).

VOUS AUREZ BESOIN DE

- Un œuf dur sans sa coquille
- Des allumettes (la version longue si possible)
- Une bouteille de lait de 500 ml
- Un œuf cru (facultatif)
- 200 ml de vinaigre (facultatif)

MÉTHODE

1. Faites une série d'essais préalables montrant que l'œuf (le bout étroit vers le bas) tient sur l'embouchure de la bouteille de lait.

2. Craquez une allumette et lâchez-la allumée dans la bouteille.

3. Quand l'allumette a pratiquement entièrement brûlé (jugez-en par la longueur de bois d'allumette encore non calcinée) placez l'œuf à nouveau sur l'embouchure de la bouteille.

4. Observez l'œuf se faire aspirer à l'intérieur de la bouteille.

5. Certaines personnes ont réussi à faire la même expérience avec un œuf cru qu'ils avaient au préalable immergé dans le vinaigre durant quelques heures. (Le vinaigre ramollit la coquille.)

LA CAUTION SCIENTIFIQUE

L'explication est assez simple : l'allumette réchauffe l'air dans la bouteille, qui augmente alors son volume (une partie de l'air s'échappe alors de la bouteille) et devient moins dense. Le fait de poser l'œuf sur l'embouchure de la bouteille éteint le feu car il bloque l'alimentation en oxygène. L'œuf est soumis d'un côté à la pression atmosphérique normale (qui le pousse vers le bas) et à une pression plus faible à l'intérieur de la bouteille (qui exerce une poussée opposée, dirigée vers le haut). Sans surprise, la pression dirigée vers le bas gagne la partie.

ATTENTION !

Assurez-vous de laisser brûler l'allumette aussi longtemps que possible avant de poser l'œuf au sommet de la bouteille. Plus l'allumette brûlera longtemps, plus l'air sera chaud à l'intérieur de la bouteille… et plus grande sera alors la différence de pression entre l'intérieur et l'extérieur.

PRENEZ GARDE AUX ALLUMETTES

Cette expérience nécessite l'usage d'allumettes et doit par conséquent être encadrée par un adulte responsable.

Le sandwich en pot

Vous savez ce que c'est : parfois vous n'aimez pas le pain de votre sandwich mais vous adorez son contenu savoureux Est-ce qu'il ne serait pas simplement génial de pouvoir se débarrasser de ce vieux pain rassis dessus dessous et de se contenter de trois couches à étaler ? Vous pourriez même stocker le tout dans un récipient.

— VOUS AUREZ BESOIN DE —

- Un récipient en verre étroit avec un couvercle ou un bouchon
- 3 c. à soupe d'eau
- 3 c. à soupe de d'huile pour la cuisine
- 3 c. à soupe de miel, de mélasse ou de sirop d'érable

MÉTHODE

Versez les 3 liquides (eau, huile et celui des 3 sirops que vous aurez choisis) dans le récipient. Fermez alors le récipient. En l'espace de quelques instants, le sandwich se mettra en place sous vos yeux : le liquide se sépare en 3 couches distinctes.

LA CAUTION SCIENTIFIQUE

Tout repose ici sur la densité (ce que pèse un volume donné de matière). Le volume dans cette expérience est identique pour les 3 ingrédients (3 cuillères à soupe), donc le liquide le plus dense (le miel, la mélasse ou le sirop d'érable) coule au fond. L'huile est légèrement plus dense que l'eau, elle se positionne donc au milieu, laissant la couche d'eau claire au sommet.

ATTENTION !

Ne poussez pas trop loin la comparaison avec le sandwich, et ne laissez personne goûter cette composition.

Dura sel !

On cuisine avec, on en saupoudre nos chips et notre pop-corn et parfois on s'en sert pour conserver les aliments. Mais utiliser le sel en avant-poste sur nos lignes de défense est un pas qui semble ne pas avoir été franchi. Vraiment ? Peut-être ce petit cristal possède-t-il alors quelques ressources encore insoupçonnées…

VOUS AUREZ BESOIN DE :

- 100 à 120 g de sel de table
- Des bracelets élastiques ou de l'adhésif de masquage
- Un tube de carton (le rouleau vide d'un essuie-tout ou d'un papier aluminium)
- Du papier cuisson
- Un manche à balai ou une tige de bois (suffisamment étroite pour s'enfiler à l'intérieur du cylindre de carton)
- Une paire de ciseaux

MÉTHODE

1. Découpez deux carrés de papier cuisson de 15 × 15 cm chacun.
2. Utilisez un bracelet élastique ou de l'adhésif de masquage pour fixer l'un des carrés de papier cuisson à l'une des

extrémités du tube de carton. (Il doit être tenu tendu sur le tube comme la peau d'un tambour.)

3. Passez le manche en bois ou la tige à travers l'autre extrémité puis, poussez-le à l'intérieur – notez avec quelle facilité il perce le papier.
4. Retirez le papier déchiré et remplacez-le par le second carré que vous avez découpé.
5. Maintenant remplissez le tube de 8 ou 9 cm de sel.
6. Essayez de plonger le bout de bois au travers du papier à nouveau. Attendez que le sel se répande partout… Mais, avec un peu de chance, il n'en fera rien !

– LA CAUTION SCIENTIFIQUE –

Cette expérience porte sur la direction des forces. Sans sel pour le bloquer, le manche en bois transpercera sans difficulté le papier cuisson à l'extrémité du tube. L'ajout de sel, cependant, change les règles. Les millions de grains de sel dévient la force de tous côtés, la canalisant hors de son chemin initial et la redirigeant en partie vers les bords du tube de carton – plutôt que vers le fin morceau de papier à l'extrémité.

ATTENTION !

« Se conduire en tout avec mesure », comme souvent dans l'existence. Si quelqu'un s'avisait de vouloir reproduire la force d'un train qui traverse le tunnel sous la Manche, il pourrait réussir à percer les défenses du sel. Mais l'objet ici n'est pas de tester votre force, mais d'observer celle du sel.

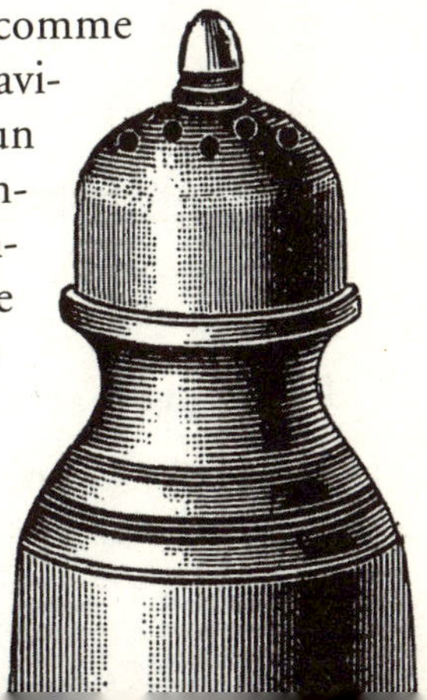

Carotte secours

Est-ce qu'il ne serait pas formidable de ranimer par « bouche-à-bouche » des légumes fanés et mollassons ? Cette expérience vous offre cette possibilité, en donnant à une carotte ramollo la chance de pouvoir à nouveau se redresser à l'appel – ou, du moins, de reprendre un peu de consistance.

VOUS AUREZ BESOIN DE :

- Une carotte de belle taille devenue molle
- Un verre à orangeade de 300 ml (en verre clair)
- Une petite tasse
- Une paille en plastique transparent (un petit bout de 3 cm de long)
- 4 cures dent
- 1 c. à soupe d'eau
- 1 c. à soupe de sucre
- De la pâte à modeler

MÉTHODE

1. Remplissez le verre au ¾ d'eau.
2. Creusez le sommet de la carotte (un trou d'environ 1 cm^2 et de 1-1,5 cm de profondeur).

3. Placez la paille dans ce trou et stabilisez les bords avec de la pâte à modeler.

4. Enfoncez les cures dent à distance régulière sur tout le tour de la carotte près de son extrémité, faites tenir l'ensemble sur les bords du verre, avec la carotte presque totalement immergée.

5. Mélangez le sucre et un volume égal d'eau dans la petite tasse et versez le tout dans la paille (plantée au sommet de la carotte) environ jusqu'à mi-course.

6. Regardez au bout d'une heure ou deux – la hauteur d'eau dans la paille aura monté.

LA CAUTION SCIENTIFIQUE

Cette expérience repose sur le mécanisme de l'osmose. L'eau circule à travers les parois cellulaires végétales en se déplaçant d'une zone aqueuse (faiblement concentré) vers une zone moins aqueuse (plus concentré). Dans le cas qui nous occupe, la carotte avait ramolli parce qu'elle avait perdu par évaporation une bonne partie de l'eau responsable de son maintien. Tandis que dans le verre, elle absorbe l'eau qui l'entoure, retrouvant ainsi sa rigidité. Dans une carotte en croissance, une partie de l'eau sera canalisée vers le haut, au-delà de la partie orange de la carotte; l'ajout de la paille (comme une espèce de jauge) montre la montée du niveau de l'eau.

ATTENTION !

Cette expérience ne présente aucun danger. Assurez-vous que vous utilisez une solution sucrée dans la paille : de l'eau pure risquerait de s'évaporer.

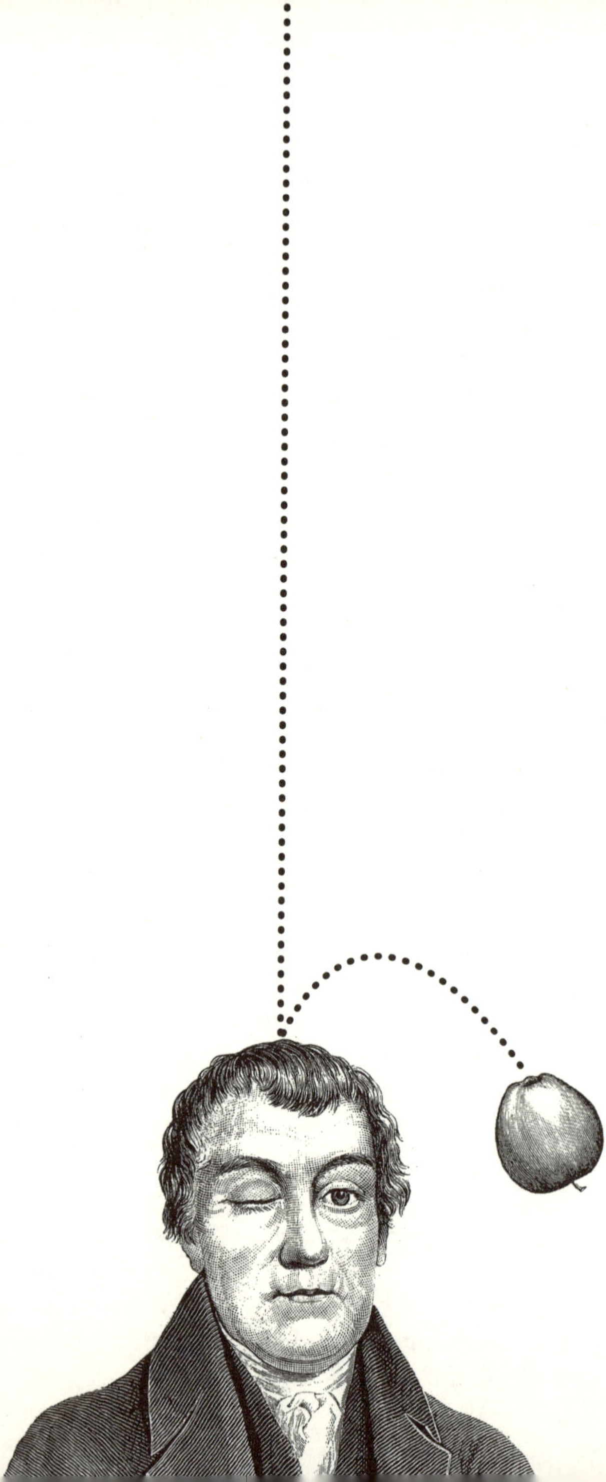

Que d'émotions !

Vous souvenez-vous de l'énoncé de la première loi de Newton ? De la deuxième ? De la troisième ? Si ça ne vous revient pas, ce n'est pas grave, car vous allez avoir l'occasion de démontrer quelques-unes de ces lois en réalisant les expériences qui suivent. Personne ne résiste au plaisir de construire un objet qui roule, qui vole, qui plane ou décolle. Et le faire au nom de la science – devant une audience enthousiaste qui vous acclame – c'est un instant de vrai bonheur.

De l'eau en apesanteur

Nous avons tous l'intuition – au moins inconsciente – des forces du mouvement qui gouvernent autour de nous le monde physique. Nous avons tous versé d'un bord à l'autre d'une voiture lorsque celle-ci prenait une route sinueuse ou même, enfant, filant sur notre bicyclette, nous nous sommes inclinés dans la courbe du virage. Voici que nous est offerte l'occasion d'aller aux racines de « cette force de la nature ». Allez, tournée générale. À votre santé !

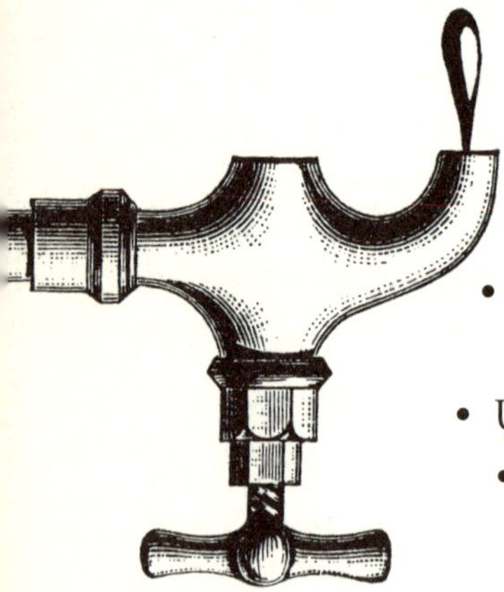

VOUS AUREZ BESOIN DE

- Un carré de 18 × 18 cm de carton fort
- 2 ficelles de 1 m de long
- Une tasse en plastique ou en polystyrène
- Des pièces de monnaies (facultatif)
- De l'eau

MÉTHODE

1. Percez des trous d'environ 2 cm aux 4 coins du carton.
2. Rentrez le bout d'une des ficelles dans l'un des trous, et l'autre extrémité au travers du trou diamétralement opposé.
3. Répétez l'étape 2 avec l'autre ficelle de façon à dessiner un « X » au fond du carré de carton. Poser le carton à plat quelque part.

4. Assurez-vous que les 4 bouts de ficelles qui dépassent du carton sont d'égale longueur, nouez-les ensemble pour pouvoir soulever de façon stable le « plateau » en carton en tenant le nœud.
5. Remplissez à moitié la tasse d'eau et posez-la au centre du plateau.
6. En le tenant par le nœud, soulevez le plateau et faites-le tourner. Pas une goutte d'eau ne doit tomber, même si vous faites tourner votre plateau sur une orbite verticale.
7. Tout en continuant à tourner, ralentissez progressivement et saisissez au vol le verre posé sur le plateau avant qu'il ne tombe. Si vous avez le coup de main, pas une goutte d'eau n'aura été renversée.

— LA CAUTION SCIENTIFIQUE —

Vous venez juste de faire la démonstration de la première Loi de Newton : « Tout corps [en mouvement] persévère dans l'état de mouvement [...] dans lequel il se trouve, à moins que quelque force [contraire] n'agisse sur lui, et ne le contraigne à changer d'état. » Dans le cas présent, balancer le verre devrait répandre son contenu à l'extérieur. La tension des ficelles campe « les forces extérieures », engendrant le mouvement circulaire du verre. L'eau, cependant, continue son mouvement rectiligne uniforme, de sorte qu'elle se retrouve pressée sur le fond du verre. En réaction, la tasse exerce sur l'eau une force centripète.

ATTENTION !

Les risques de cette expérience sont assez évidents, et vous devriez donc la réaliser en extérieur, où il ne sera pas nécessaire de faire le ménage ou de vous justifier sans fin si les choses tournaient mal. Et si vous voulez vraiment pousser très loin l'esprit de sérieux, vous pouvez essayer de remplacer l'eau par des pièces de monnaie.

Un objet flottant

« Ce n'est qu'un écran de fumée. » Cette expression, lorsqu'elle reste limitée aux remarques des critiques concernant les représentations de quelques prestidigitateurs de cabaret, désigne communément tous ces tours qui laissent leurs spectateurs tout à la fois troublés et perplexes. Hé bien, maintenant que ce livre a donné l'occasion à ses lecteurs d'utiliser – ou de produire – de la fumée de façon spectaculaire, que penseriez-vous d'un petit effet de miroir ? Le dispositif à fabriquer au préalable vous prendra un peu de temps, mais une fois fini, il pourra être réutilisé à de nombreuses reprises. Cette expérience (ou tour) est faite pour être menée devant un large public, donc ne pipez mot de la préparation et de ses secrets.

VOUS AUREZ BESOIN DE

- 12 morceaux de bois (75 cm de long et 2 × 2 cm de section)
- Des clous ou de la colle à bois
- Un miroir carré de 1 × 1 m

MÉTHODE

1. Construisez un cube en bois en clouant ou collant les extrémités des 12 morceaux de bois.

2. Trouvez une table qui puisse supporter votre poids et qui ait une surface suffisante pour accueillir le cube. Prévoyez une chaise (pour monter sur la table avec plus d'aisance),

tandis que vos spectateurs resteront dans une autre pièce – ou derrière un rideau, si vous êtes d'humeur théâtrale.

3. Posez le cube sur la table, puis glissez le miroir à la verticale à l'intérieur du cube. Le miroir doit rester debout bien droit (face réfléchissante vers le public), positionné selon la diagonale quand on l'observe du dessus.
4. Grimpez sur la table et rentrez dans le cube, les pieds de part et d'autre du miroir. Restez immobile.
5. Faites entrer le public, ou tirez le rideau.
6. Commencez à bouger lentement la jambe qui est devant le miroir, en laissant l'autre bien en place pour assurer votre équilibre.
7. Le jeu de miroir va donner l'impression que vos deux pieds perdent le contact avec la table, profitez donc de cette illusion optique pour prétendre flotter dans l'espace, nager dans les airs, etc.

– La caution scientifique –

Tout cela repose, bien évidemment, sur l'illusion d'optique créée par le miroir. En termes strictement scientifiques, la lumière voyage de votre jambe visible vers le miroir puis est réfléchie vers l'avant, donnant à ceux qui vous regardent le sentiment qu'il s'agit de votre autre jambe – tandis que celle-ci reste en réalité solidement ancrée au sol.

Attention !

Ce livre a-t-il besoin de vous rappeler les risques encourus lorsqu'on brise un miroir ? Assurez-vous donc que votre miroir est bien calé quand vous l'aurez mis en place à l'intérieur du cube de bois. Tout déplacement du miroir ruinerait l'effet de cette expérience.

Fusée et pellicules

Exploitez les pouvoirs de la chimie et faites appel au génie de Sir Isaac Newton pour lancer cette fusée maison… peut-être pas en orbite mais, au moins, pour qu'elle décolle en flèche de la rampe de lancement de la cuisine. Cette expérience peut être l'occasion d'un travail de groupe du début à la fin, du découpage du fuselage au compte à rebours avant lancement.

VOUS AUREZ BESOIN DE

- Une boîte à pellicule avec son couvercle
- Du papier coloré (le plus léger possible)
- Quelques morceaux de papier toilette
- 3 c. à café de jus de citron par vol
- 1 c. à café de bicarbonate de soude par vol
- Une paire de ciseaux
- Un adhésif double face
- De la colle
- Une cuillère à café

MÉTHODE

1. Coupez un rectangle de papier coloré de 12 × 6 cm : ce sera le fuselage de la fusée.
2. Alignez la plus grande longueur de ce papier sur l'extrémité ouverte de la boîte à pellicule et scotchez-le sur tout son pourtour, en veillant à ce que l'ouverture de la boîte ne soit pas obstruée par l'adhésif.
3. Enroulez le papier autour de la boîte de film (ça se chevauche légèrement) et fermez le cylindre à l'adhésif (l'une des extrémités du cylindre de papier coïncide avec l'ouverture de la boîte, l'autre dépasse du côté fermé.)
4. Coupez un disque en papier coloré de 4 cm de diamètre, et découpez-en une part d'environ 1/8e de cercle. Scotchez les 7/8e restant en le fermant : voilà le nez conique de la fusée.
5. Collez le nez à l'extrémité du cylindre (sans mettre trop de colle pour minimiser le poids).

6. Coupez trois triangles pour figurer des empennages à la base de la fusée. Pliez chaque triangle pour créer un petit rabat. Collez chaque rabat à égale distance autour de la base de la fusée.
7. Tenez votre fusée la tête en bas et ajoutez le jus de citron dans la boîte.
8. Tendez une feuille de papier toilette sur l'ouverture de la fusée retournée. Repliez le papier autour des bords de la fusée pour qu'il tienne tout seul au-dessus de l'ouverture (avec un peu de mou mais sans qu'il ne touche le jus de citron).
9. Versez 1 cuillère à café de bicarbonate de soude au creux du papier – en tenant toujours votre fusée tête en bas – et refermez avec le couvercle. Taillez le papier toilette en excès.
10. Retournez la fusée doucement et placez-la sur le site de décollage. Écartez-vous et attendez quelques instants : le décollage a généralement lieu dans les 20 secondes.

— LA CAUTION SCIENTIFIQUE —

La réaction entre le jus de citron (acide) et le bicarbonate (basique) produit du dioxyde de carbone. Le dégagement de gaz induit une augmentation de pression dans la boîte jusqu'à ce que le couvercle saute. Et voilà la troisième loi de Newton (« Pour toute action, il existe une réaction de sens opposé et d'égale intensité »). La boîte à pellicule est envoyée en l'air avec une force équivalente à celle qui a expulsé vers le bas le couvercle de la boîte. Décollage !

ATTENTION !

Assurez-vous que votre site de lancement est couvert par une nappe imperméable (ou résistante à l'eau, et aux taches). Le temps de décollage (une fois les ingrédients à l'intérieur) peut-être délicat à prédire, évitez donc de vous tenir malencontreusement juste au-dessus de la fusée à ce moment-là. La chimie qui déclenche cette propulsion est infaillible, si votre fusée n'arrive pas à décoller, essayez donc de voir si elle n'est pas trop lourde. Si c'est le cas, réduisez la taille de ses composants ou diminuez les quantités d'adhésif et de colle utilisées.

Rebond lunaire

Est-ce que la physique peut vraiment être une telle source d'amusement ? Bon sang comment pouvez-vous faire rebondir aussi haut une balle de tennis ? Attendez-vous à ce que les facultés de physique soient submergées de candidats dans les années à venir après que vous aurez accompli cette démonstration. Vous n'aurez besoin que de trois ingrédients pour que cela fonctionne : une main sûre, une surface dure (pour un bond rebond) et de l'espace. Le mieux est de réaliser cette expérience sur une route ou un parking.

VOUS AUREZ BESOIN DE

- Une balle de tennis
- Un ballon de basket (un ballon de foot ou de volley fera aussi l'affaire, mais ce ne sera pas aussi réussi)
- Une balle de golf (facultatif)
- Une balle de ping-pong (facultatif)
- Le tube en carton d'un rouleau d'essuie-tout (facultatif)

MÉTHODE

1. Tenez le ballon de basket à hauteur de poitrine et lâchez-le : notez la hauteur du rebond.
2. Répétez l'opération avec une balle de tennis.
3. Tenez maintenant les deux à bout de bras, la balle de tennis au-dessus du ballon de basket, en contact avec son sommet (au niveau du « pôle Nord » du ballon de basket).

4. Lâchez les deux et voyez à quelle hauteur rebondit maintenant la balle de tennis.

5. Si vous avez du mal à maintenir les deux balles alignées, essayer avec une balle de golf en dessous d'une balle de ping-pong.

6. Et si cela reste difficile, maintenez les balles de golf et de ping-pong à l'intérieur d'un tube en carton (pour les aligner verticalement) : cela facilitera la réussite de l'expérience.

LA CAUTION SCIENTIFIQUE

Voilà une superbe démonstration de la Conservation de la Quantité de Mouvement. La quantité de mouvement est le produit de la masse par la vitesse. Quand les deux balles entrent en collision, leurs quantités de mouvement sont égales mais, comme la masse du ballon de basket est beaucoup plus importante, la balle de tennis acquiert alors une vitesse très supérieure pour compenser sa faible masse dans l'équation. Résultat : elle est propulsée dans l'espace. C'est le principe de la batte de cricket (lourde) tapant dans une balle (moins lourde) : la balle s'envole alors que la batte reste dans les mains du batteur.

ATTENTION !

Dans la mesure où il a déjà été convenu que vous vous êtes donné tout l'espace nécessaire à la réalisation de cette expérience (en gros : vous êtes à l'extérieur), il ne devrait pas y avoir de problème. Dans le cas contraire, il faudrait interdire les jeux de ballon pour dangerosité avérée.

La danse antimite

Les Mexicains se sont bien débrouillés pour avoir des pois sauteurs, pourquoi n'aurions-nous pas de notre côté des boules antimites danseuses ? C'est l'affaire de quelques étapes sans difficulté aucune, vous découvrirez vite comme la chose est simple. Et pourquoi diable tout cela serait-il déjanté ? Hé bien, jetez un coup d'œil sur les ingrédients et imaginez l'odeur de votre cuisine quand vous les aurez tous mélangés. Vous pourrez soigner votre popularité !

VOUS AUREZ BESOIN DE

- Une carafe en verre à large ouverture ou un verre à boire
- Plusieurs boules antimites
- 60 ml de vinaigre
- 10 ml de bicarbonate de soude
- De l'eau

MÉTHODE

1. Remplissez d'eau la carafe ou le verre, jusqu'à 2 cm du bord.
2. Versez le vinaigre et le bicarbonate de soude et mélangez le tout avec douceur.
3. Ajoutez deux ou trois boules antimites.

4. Regardez alors la « danse » des boules antimites – coulant d'abord, puis remontant lentement en surface, pour replonger à nouveau.

LA CAUTION SCIENTIFIQUE

Le vinaigre, le bicarbonate de soude et l'eau réagissent ensemble et produisent un dégagement de dioxyde de carbone. Les boules antimites qui paraissent lisses à première vue, sont en réalité très rugueuses avec une surface pleine d'aspérités. Les bulles de dioxyde de carbone se logent dans ces reliefs. Quand les boules sont suffisamment chargées en dioxyde de carbone, elles deviennent moins denses que le liquide environnant et remontent. En surface, le dioxyde de carbone s'échappe en grande partie dans l'air environnant, laissant les boules antimites à leur densité première, leur permettant de couler à nouveau… et ainsi de suite.

ATTENTION !

C'est vraiment une expérience sans grand risque. Il faut juste penser à vider le liquide et son contenu après l'expérience de façon à ce que personne ne soit tenté de le boire !

Le disque volant

C'est le rêve de tout un chacun d'être capable de glisser dans les airs comme une soucoupe volante. Ce type de mouvement sans frottement est au cœur de la technologie des aéroglisseurs. Cette expérience vous permet d'utiliser des objets de tous les jours pour pénétrer les secrets de ce nouveau monde du transport. Faites attention cependant et ayez une réponse à portée de main lorsqu'on vous demandera : « Qu'as-tu fait de mon nouveau CD d'Amy Winehouse ? »

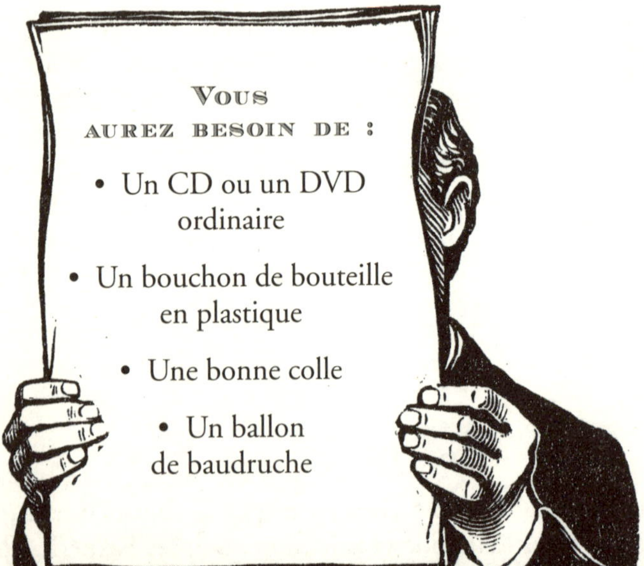

MÉTHODE

1. Percez un trou de 10-15 mm au centre du bouchon.
2. Collez le bouchon au centre du CD ou du DVD, de façon à ce que les trous soient alignés (et de sorte que le plat du bouchon touche le CD).
3. Gonflez le ballon et tortillez l'extrémité bien serrée (mais ne la nouez pas).
4. Roulez précautionneusement les « lèvres » du ballon sur les bords du capuchon.
5. Posez le CD sur une surface lisse et lâchez le tout.
6. Sous l'impulsion de la moindre pichenette, « l'aéroglisseur » se déplacera en glissant sans difficulté.

LA CAUTION SCIENTIFIQUE

L'air se précipite hors du ballon à travers le trou et crée un « coussin d'air » sous le CD. Ce coussin supporte la totalité de la surface sous le CD, puisque l'air s'échappe sur les bords. Et, sans frottements entre le CD et la surface (ils ont été éliminés par le coussin d'air), le tout peut se mouvoir librement. C'est en utilisant un principe similaire que les aéroglisseurs peuvent transporter voitures et passagers sur l'eau.

ATTENTION !

Faites attention à ne pas utiliser trop de colle quand vous fixerez le bouchon au CD (vous pourriez boucher une partie du trou). Et comme il a été mentionné plus haut, évitez d'utiliser le très précieux nouveau CD d'un de vos proches !

La fusée à deux étages

Le site de la NASA nous apprend que la technologie des fusées est une simple variation sur le thème du ballon de baudruche; par conséquent, maîtriser la construction d'une fusée ballon à deux étages vous propulse tout droit vers l'élite technologique qui a conçu les navettes spatiales de la NASA et les missions martiennes. Il est incroyable de penser que, en effet, ce sont les mêmes principes scientifiques à l'œuvre dans cette très simple expérience de fond de jardin, à la portée de tous. Alors, on fait de la science de pointe oui ou non ?

VOUS AUREZ BESOIN DE

- 2 volontaires
- 2 longs ballons de baudruche cylindriques (pouvant atteindre gonflés, une longueur d'environ 60 cm)
- 25-30 m de fil de pêche transparent
- 2 bouts de paille à boire de 3 cm de long
- De l'adhésif de masquage
- Une paire de ciseaux
- Une bouteille de plastique vide de 1 l

MÉTHODE

1. Enfilez les deux bouts de paille sur le fil de pêche.
2. Nouez le fil de pêche bien tendu, en l'attachant à deux objets massifs comme des arbres ou des poteaux de fil à linge.
3. Découpez un anneau de 2 cm de haut dans le milieu de la bouteille plastique.

4. Gonflez l'un des ballons et tenez son extrémité fermée en la pinçant; passez cette extrémité pincée à l'intérieur de l'anneau de plastique. (Voici le second étage de la fusée.)
5. Gardez l'extrémité du premier ballon pincée à l'intérieur de l'anneau tandis que vous y introduisez le second ballon.
6. Gonflez maintenant le second ballon, pour finalement lâcher l'extrémité du premier ballon lorsqu'elle se trouvera coincée par le second ballon gonflé à l'intérieur de l'anneau.
7. Pincez l'extrémité du deuxième ballon : vous devez avoir maintenant un « ballon à deux étages » entre les mains.
8. Demandez à votre assistant d'attacher chaque « étage » de ballon à un morceau de paille (laquelle reste libre de glisser sur le fil de pêche). Continuez à pincer l'extrémité du deuxième ballon tandis que vous déplacez l'ensemble vers l'extrémité du fil de pêche.
9. Lâchez le ballon et vous le verrez accélérer le long de la ligne, se débarrassant du premier étage (le second ballon que vous avez gonflé) au cours de sa trajectoire.

— LA CAUTION SCIENTIFIQUE —

« Pour toute action il existe une réaction de sens opposé et d'égale intensité. » Ce principe, décrit par Newton, est au cœur de la science des fusées (ou, dans ce cas, des ballons). Lorsque vous relâchez le ballon vous permettez à un gaz sous pression de se répandre dans l'air environnant, soumis à une plus faible pression. Cette expulsion d'air induit une force de sens contraire qui propulse la fusée vers l'avant. Le même processus se répète quand le premier étage est vide et c'est alors au tour du deuxième étage de prendre le relais et de tirer la fusée.

ATTENTION !

Cette expérience marche mieux (les étages parcourent une plus grande distance) si le fil de pêche est bien tendu et positionné à une hauteur suffisante. Cela permet de limiter les frottements le long du parcours.

SCIENTIARUM
FAVORE

Ça ne manque pas d'air !

Souvent, ce sont les expériences dont l'acteur principal est un élément invisible – comme l'air qui nous entoure – qui sont les plus amusantes, les plus magiques. Ainsi, la plupart des expériences de ce chapitre possèdent cette aura de magie, mettant l'air à contribution pour faire flotter, coller ou propulser… ou même hanter la bouteille vide d'un vieux vin. Gageons que votre auditoire viendra vous manger dans la main quand il aura eu vent de vos exploits.

Une balle en lévitation

Avez-vous déjà téléphoné à votre coiffeur et essayé de réserver chez lui pour un « Bernoulli » ? Non ? Eh bien, peut-être devriez-vous essayer, car les coiffeurs possèdent un outil pour démontrer l'un des principes les plus essentielles de la physique, décrit pour la première fois par un scientifique suisse du XVIIIe siècle, Daniel Bernoulli. Prenez 30 secondes pour comprendre l'observation intemporelle de Bernoulli. Et, surtout, amusez-vous !

Vous aurez besoin de :

- Un sèche-cheveux
- Une balle de ping-pong
- Un tube de carton

MÉTHODE

1. Réglez le sèche-cheveux sur air frais, vitesse maximale et dirigez son souffle vers le haut.

2. Déposez la balle dans le flux d'air ascendant et laissez-la s'envoler.

3. Regardez la balle en suspension dans l'air.

4. Alors que la balle est toujours en suspension, abaissez doucement sur elle le tube en carton.

5. La balle sera aspirée dans le tube.

LA CAUTION SCIENTIFIQUE

Cette expérience, comme quelques autres dans ce livre, repose sur le principe de Bernoulli (cf. p. 111). Bernoulli avait remarqué que dans un gaz ou un liquide, la pression diminue quand la vitesse augmente. Dans le cas présent, le flux d'air qui sort du sèche-cheveux et entoure la balle est à faible pression. La pression atmosphérique reste stable (et plus élevée) dans l'air au repos qui entoure la colonne d'air en mouvement, et au niveau de la colonne d'air située au-dessus de la balle. Cet ensemble de forces empêche la balle de partir sur la gauche ou sur la droite – ou même vers le haut. L'arrivée par le haut du tube en carton canalise à ce niveau l'air en mouvement dans un espace plus étroit. L'air gagne alors en vitesse – et perd en pression – entraînant alors la balle vers le haut.

ATTENTION !

Comme elle utilise un appareil électrique, cette expérience doit être encadrée par une personne responsable. Souvenez-vous, l'expérience repose sur le mouvement d'air – et non sur la chaleur – utilisez donc la position la plus fraîche du sèche-cheveux.

Funérailles Vikings

Les guerriers vikings morts sur le champ de bataille étaient conduits avec les honneurs au royaume d'Odin ou, du moins, c'est ainsi qu'Hollywood l'a toujours imaginé : un drakkar était enflammé et lancé en haute mer vers le Walhalla. Vous pourrez donc, dans cette expérience, ajouter quelques ornements vikings à la structure de votre bateau si vous voulez vous attirer les bonnes grâces d'Odin. Toutefois, cette scène en appelant à l'enfant qui sommeille en chacun de nous, peu importe l'emballage dans lequel elle sera présentée. L'expérience pourra tenir dans une baignoire mais idéalement – et pour jouer à plein la carte des « funérailles vikings » – elle prendra place sur les eaux calmes d'un petit bassin.

VOUS AUREZ BESOIN DE

- Un tube en aluminium de comprimés ou de pilules
- 4 petites bougies
- Des allumettes
- Une petite boîte de conserve peu profonde (de sardines ou d'anchois) juste assez grande pour contenir le tube dans sa longueur
- Un foret ou un clou pour percer le bouchon à vis du tube

MÉTHODE

1. À l'aide d'un foret ou d'un clou, faites un petit trou (de l'intérieur vers l'extérieur) dans le bouchon à vis du tube aluminium. Le trou devra être légèrement décentré de

façon à ce que la vapeur puisse s'échapper ensuite de cet orifice.

2. Remplissez à moitié le tube avec de l'eau et revissez le bouchon sur le tube.
3. Arrangez les bougies dans la boîte de conserve, alignées le long d'un des côtés de la boîte. Vous pourrez les fixer au fond en coulant un peu de cire à leur base.
4. Déposez le tube (trou orienté vers le haut) à l'intérieur de la boîte le long de l'autre côté, et assurez sa position comme précédemment avec un peu de cire fondue. L'ensemble, tube et bougies, devra être agencé bien serré.
5. Allumez les bougies et placez la boîte de conserve à la surface de l'eau. Bientôt, le Drakkar commencera son voyage à propulsion vapeur.

— LA CAUTION SCIENTIFIQUE —

Les bougies qui bordent le tube chauffent l'eau qui est à l'intérieur. Cette eau atteint bientôt son point d'ébullition et la vapeur a besoin de trouver un orifice pour s'échapper : le petit trou du couvercle. La vapeur se dilate rapidement et induit un recul notable quand elle quitte cette petite ouverture.

ATTENTION !

D'un point de vue purement pratique, remarquez la relative fragilité de l'esquif : il sera raisonnable d'attendre un temps clément – et de bonnes conditions aquatiques – pour mettre en œuvre cette expérience à l'extérieur.

PRENEZ GARDE AUX ALLUMETTES

Cette expérience nécessite l'usage d'allumettes et doit par conséquent être encadrée par un adulte responsable.

La petite balle effrontée

Cette expérience est un petit bijou. Elle ne demande que deux ingrédients et peut être réalisée en quelques secondes. Mais en quoi est-elle au juste déjantée ? Eh bien… elle ne génère en fait aucun désordre, aucun bruit, pas même de décharge électrique. Mais elle pourrait devenir périlleuse si vous défiez quelqu'un de souffler la balle hors de l'entonnoir. Après cela, peut-être pourriez-vous avoir besoin de vous tenir à une distance raisonnable de ce camarade cramoisi – et terriblement frustré.

VOUS AUREZ BESOIN DE

- Un petit entonnoir (un entonnoir de cuisine fera parfaitement l'affaire)
- Une balle de ping-pong

MÉTHODE

1. Déposez la balle dans l'entonnoir et levez l'ensemble devant vous.
2. Basculez la tête en arrière et mettez vos lèvres au contact de l'embouchure de l'entonnoir.
3. Soufflez.
4. Alors que vous soufflez, renversez doucement l'entonnoir de telle sorte que la balle tombe – mais elle n'en fera rien.

LA CAUTION SCIENTIFIQUE

C'est là que le meilleur arrive. C'est encore une fois le principe de Bernoulli qui explique que la balle reste en place – la même raison scientifique étaye d'ailleurs le décollage d'un jumbo-jet. Pour faire simple, le principe de Bernoulli décrit pourquoi de l'air en mouvement (ici, l'air fusant dans l'entonnoir et sur ses bords) a une pression plus faible que la pression atmosphérique environnante. Un objet léger comme une plume ou une balle de ping-pong dans cette expérience, se déplacera vers l'endroit de plus faible pression : or l'air ambiant autour de la balle – même quand l'entonnoir est dirigé vers le bas – présente une pression plus élevée et maintient la balle en place.

ATTENTION !

Par chance, il n'y a aucune espèce de dangers liés à cette expérience. Mais si vous défiez quelqu'un – ou pire si vous faites un pari –, vous pourriez avoir à affronter des réactions de colère…

Le ballon increvable

Voici une autre de ces expériences si ahurissante, si contre-intuitive, qu'il paraît presque préférable de la présenter comme un tour de magie. Après tout, combien de fois vous est-il arrivé de voir – sans parler de réaliser par vous-même – un tour aussi déroutant que celui-ci ? Et si tout cela ne suffisait pas, elle est de surcroît d'une simplicité déconcertante.

VOUS AUREZ BESOIN DE

- Un ballon de baudruche
- Un pic à brochette de 30 cm
- De l'huile de cuisine

MÉTHODE

1. Gonflez le ballon, de façon incomplète. Nouez l'extrémité comme vous l'auriez fait habituellement.
2. Enduisez le pic à brochette d'huile.
3. Tenez le pic dans une main et le ballon dans l'autre (assurez-vous que le nœud du ballon est situé en position équatoriale plutôt que sur l'un des « pôles »). Si vous le présentez comme un tour de magie, vous pouvez demander à un assistant de vous tenir le ballon.
4. Armé du pic à brochette, transpercez délicatement le ballon du nœud vers le point qui lui est diamétralement

opposé, en effectuant un léger mouvement de rotation avec le pic.

5. Puis, avec la même délicatesse, retirez le pic : tenez le ballon en pinçant le trou à l'extrémité opposé. Le ballon n'explosera toujours pas, même si vous pourrez remarquer qu'il commence à se dégonfler doucement.
6. Crevez délibérément le ballon en le perçant rapidement au niveau de sa partie la plus tendue.

— LA CAUTION SCIENTIFIQUE —

Le caoutchouc du ballon est fait d'un grand nombre de longues molécules entrelacées, que l'on nomme polymères. Les molécules sont reliées entre elles par un processus de réticulation, qui leur donne une certaine élasticité. S'il reste un peu de mou dans le réseau réticulé (comme c'est le cas ici au niveau du nœud et du point qui lui est diamétralement opposé) le polymère peut « resserrer les rangs » autour d'une petite incision. Le caoutchouc forme en fait une sorte de joint autour du pic qui vient de le percer. La lubrification du pic à brochette facilite un peu son entrée, et aide à la formation d'une rustine provisoire lorsque le pic est retiré. À la fin de l'expérience, vous pouvez faire exploser le ballon facilement en l'attaquant sur sa partie la plus tendue, qui n'a, elle, pas assez de mou pour permettre la formation d'un joint.

ATTENTION !

Assurez-vous qu'un adulte est là pour jouer du pic à brochette. Si vous décidez de présenter cette expérience comme un tour de magie, ne laissez pas vos spectateurs vous voir préparer la deuxième étape. Enfin, veillez à faire exploser le ballon rapidement après le « bouquet final » – avant que certains ne s'aperçoivent que le ballon est en réalité en train de se dégonfler lentement.

Le p'tit rouge qui tinte

« Chérie, je finis juste ce bordeaux pour apprendre aux enfants quelques petits trucs sur la pression atmosphérique.

— Mais bien sûr ! Vraiment, tu ne manques pas d'air ! »

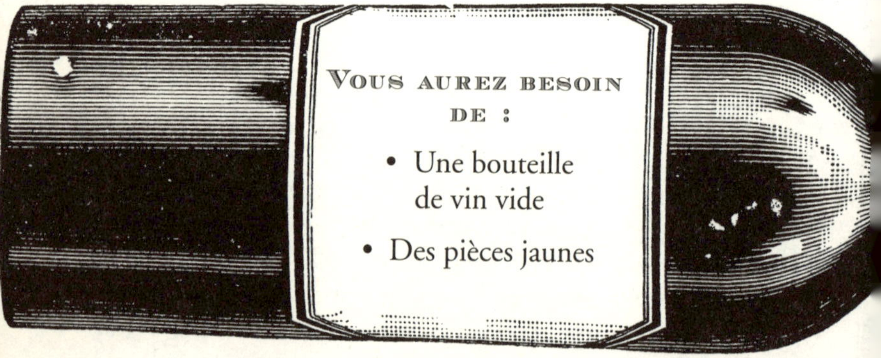

MÉTHODE

1. Gardez la bouteille de vin dans un endroit frais pendant quelques heures, idéalement une nuit entière (vous pouvez même, pour ce tour, aller fouiller dans la poubelle à verre qui est devant chez vous).
2. Rentrez la bouteille de vin refroidie, humidifiez le goulot et déposez une pièce sur l'embouchure ouverte de la bouteille.
3. Entourez le corps de la bouteille avec vos mains.
4. Attendez jusqu'à ce que la pièce commence à bouger comme si elle était dirigée par une main invisible.

LA CAUTION SCIENTIFIQUE

L'air à l'intérieur de la bouteille froide occupe un espace limité, mais s'il est réchauffé (grâce à vos mains), il tend à se dilater. Cette éventuelle dilatation accroît la pression à l'intérieur de la bouteille, mais la tension de surface créée par le film d'eau retient la pièce en place. Quand finalement la pression devient suffisante pour vaincre cette tension, l'excès d'air s'échappe en un bref instant. La pièce s'entrouvre à ce moment précis, puis retrouve sa position initiale quand la pression atmosphérique à l'intérieur de la bouteille s'est abaissée de nouveau.

ATTENTION !

La seule précaution de cette expérience se limite, comme il est signalé plus haut, à vider la bouteille avant de s'embarquer.

Le sachet volant

Il y a quelque chose de magique dans le fait de se saisir d'un objet de tous les jours et de le détourner vers un usage totalement inattendu. Dans ce cas l'objet est un simple sachet de thé, lequel peut être délicatement vidé de son contenu puis enflammé. Le sachet de thé flottera dans les airs, comme par magie. Comme le moindre souffle d'air peut déranger cette délicate expérience, il est préférable de la mener à l'intérieur – ou en extérieur dans un environnement bien abrité et par temps calme.

Vous aurez besoin de :

- Un sachet de thé classique
- Des allumettes
- Une coupelle
- Un démonte-agrafe (ou des ongles solides)

MÉTHODE

1. Retirez la ficelle et l'étiquette du sachet de thé.
2. Utilisez le démonte-agrafe ou vos ongles pour ôter l'agrafe du sachet de thé.

3. Dépliez le sachet de thé et videz le thé en vrac contenu à l'intérieur.
4. Faites tenir droit sur sa base le sachet vide – qui a maintenant une forme cylindrique – dans une coupelle.
5. Craquez une allumette et enflammez le haut du sachet de thé.
6. Tandis que les flammes se propagent vers la base, le sachet enflammé tremblera légèrement puis montera dans les airs en flottant.

LA CAUTION SCIENTIFIQUE

C'est le refrain maintenant éculée – l'air chaud monte – qui se chante ici. Le feu provoque simultanément deux effets. L'un est l'échauffement de l'air autour du sachet de thé. L'autre est que – du fait de sa combustion – le sachet de thé perd du poids (ou de la masse si vous voulez être vraiment scientifique). Les deux effets s'ajoutent, et finalement on atteint le point critique où l'air est suffisamment chaud – et le sachet de thé suffisamment léger – pour permettre le décollage.

PRENEZ GARDE AUX ALLUMETTES

Cette expérience nécessite l'usage d'allumettes et doit par conséquent être encadrée par un adulte responsable.

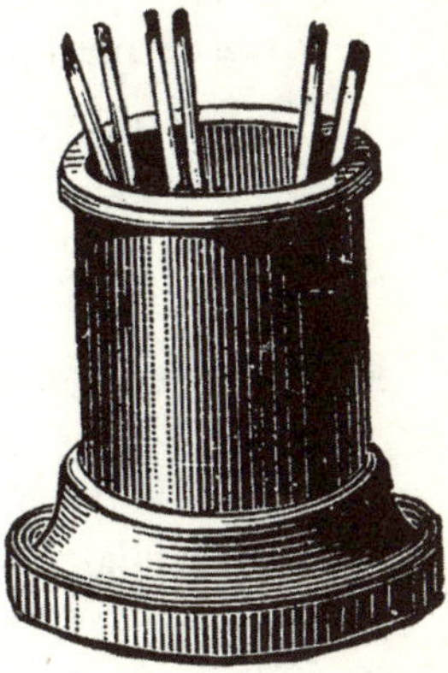

La courte paille

Ce sont les expériences scientifiques qui vont à l'encontre de nos intuitions qui sont souvent les plus remarquables, engendrant spontanément des exclamations telles que : « C'est pas vrai – c'est pas possible ! » Cette expérience est un excellent exemple de briseur de mythes, de celles qui peuvent provoquer une certaine colère. Utiliser une paille pour boire est bien évidemment un jeu d'enfant ! Eh bien, trouvez-moi un enfant, car celle-ci ne veut pas marcher !

VOUS AUREZ BESOIN DE

- Un pot en verre ou en plastique transparent avec un couvercle hermétique
- Une paille pour boire (en plastique ou en papier, mais celles en plastique fonctionnent mieux)
- De l'eau
- De la pâte à modeler
- Un clou et un marteau

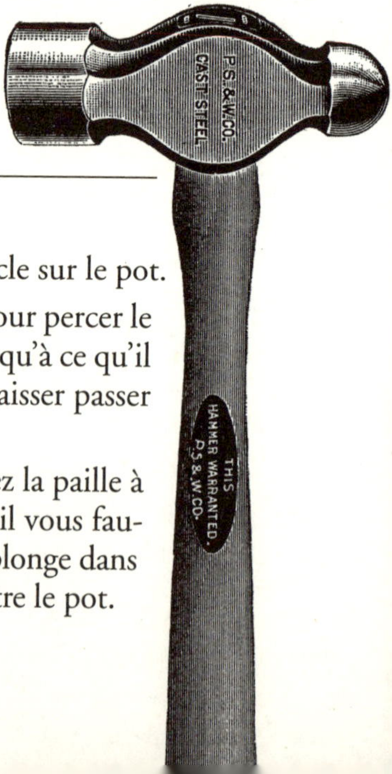

MÉTHODE

1. Remplissez le pot au 2/3 d'eau.
2. Fixez hermétiquement le couvercle sur le pot.
3. Utilisez un marteau et un clou pour percer le couvercle; agrandissez le trou jusqu'à ce qu'il soit d'une taille suffisante pour laisser passer la paille.
4. Ôtez le couvercle du pot et glissez la paille à travers le trou. Évaluez jusqu'où il vous faudra descendre pour que la paille plonge dans l'eau en alignant le couvercle contre le pot.

5. Scellez les bords du trou autour de la paille avec de la pâte à modeler, de sorte que le tout soit parfaitement étanche.

6. Vissez de nouveau le couvercle sur le pot et essayez de boire avec la paille. Vous – ou votre infortuné volontaire – en serez bien incapable.

– LA CAUTION SCIENTIFIQUE –

Comme indiquée plus haut, notre intuition nous donne le sentiment que nous aspirons l'eau directement lorsque nous buvons avec une paille. Cette expérience nous montre que tout est affaire d'air et de pression. L'air autour de nous exerce une pression sur tout ce qu'il touche, y compris sur la surface d'une boisson dans un verre ou un pot. Habituellement, quand vous mettez une paille dans une boisson (à savoir quand la boisson n'est pas contenue dans un récipient hermétiquement clos), la pression exercée par l'air sur la boisson est égale à celle exercée par l'air dans la paille. Ainsi, lorsque nous aspirons par la paille, nous enlevons une partie de cet air et créons alors une dépression dans l'air qui reste dans la paille. La pression de l'air qui pèse sur la surface de la boisson, reste cependant identique. Cette différence de pression pousse alors le liquide à l'intérieur de la paille. Le fait de sceller hermétiquement le couvercle empêche l'air extérieur d'exercer sa pression sur le liquide à l'intérieur du pot, donc peu importe avec quelle force vous aspirez, il n'y a pas assez de pression exercée depuis l'intérieur du récipient pour permettre au liquide de remonter dans la paille.

ATTENTION !

Cette expérience ne présente aucun danger, mais il n'est pas inutile de prendre en considération le fait qu'une paille plastique, du fait de sa solidité pourra être utilisée un plus grand nombre de fois qu'une paille papier.

Le pouvoir du ballon

Nous oublions trop vite que l'air a une masse et exerce une pression. Bien sûr, nous avons tous à l'esprit que lors du bulletin météo on nous parle de pression atmosphérique, mais tout cela reste très abstrait. Cette expérience amène pourtant le tout à notre portée, et a quelque chose d'un défi permanent. Certains enfants ont ainsi réussi à fixer plus de deux douzaines de tasses à leurs ballons – découvrez comment (et pourquoi une telle quantité) en lisant ce qui suit.

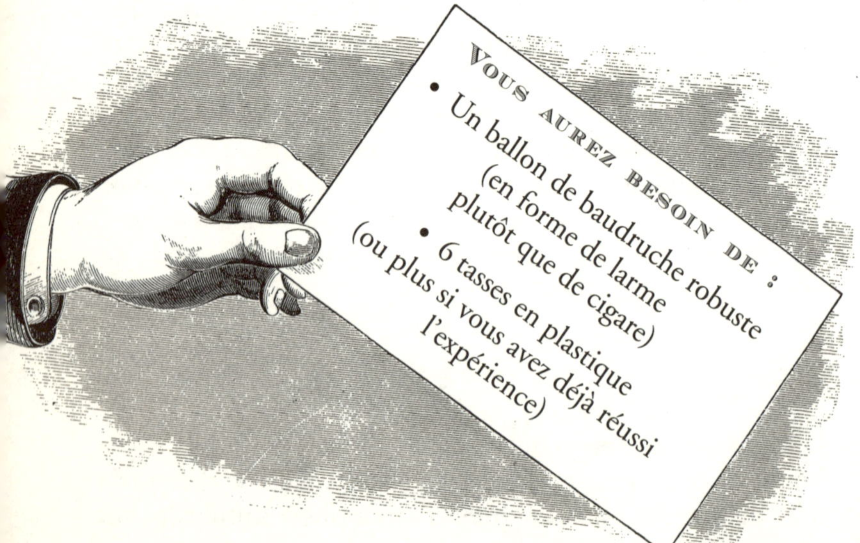

MÉTHODE

1. Gonflez le ballon jusqu'à ce qu'il ait atteint la taille d'un pamplemousse. Tenez-le temporairement fermé en en pinçant l'extrémité.

2. Humidifiez les bords de deux tasses en plastique.

3. Appliquez les tasses sur les deux côtés du ballon et gonflez-le à nouveau. Les tasses doivent rester attachées au ballon.

4. Essayez de répéter ces étapes – pincer, humidifier, appliquer et gonfler – et voyez combien de tasses vous pouvez coller à ce ballon.

LA CAUTION SCIENTIFIQUE

Comme expliqué en introduction, cette expérience porte sur la pression de l'air et sa contrepartie, la succion. Humidifier les rebords des tasses leur permet de coller par l'action de la tension de surface de l'eau. Mais lorsque l'on gonfle le ballon – et que l'on réduit de ce fait la courbure de la surface en contact avec les tasses – la pression de l'air à l'intérieur des tasses diminue légèrement car une même quantité d'air occupe maintenant un plus grand volume. La pression de l'air à l'extérieur des tasses reste, elle, inchangée. Cette différence de pression colle les tasses au ballon.

ATTENTION !

Certaines personnes ont clairement le truc pour réussir cette expérience, mais même l'expérimentateur le moins aguerri devrait être capable de faire coller au moins deux tasses sur le ballon. Pour que ça « prenne », il vous suffit de continuer à exercer une petite pression sur chaque tasse juste après les avoir appliquées sur la surface du ballon.

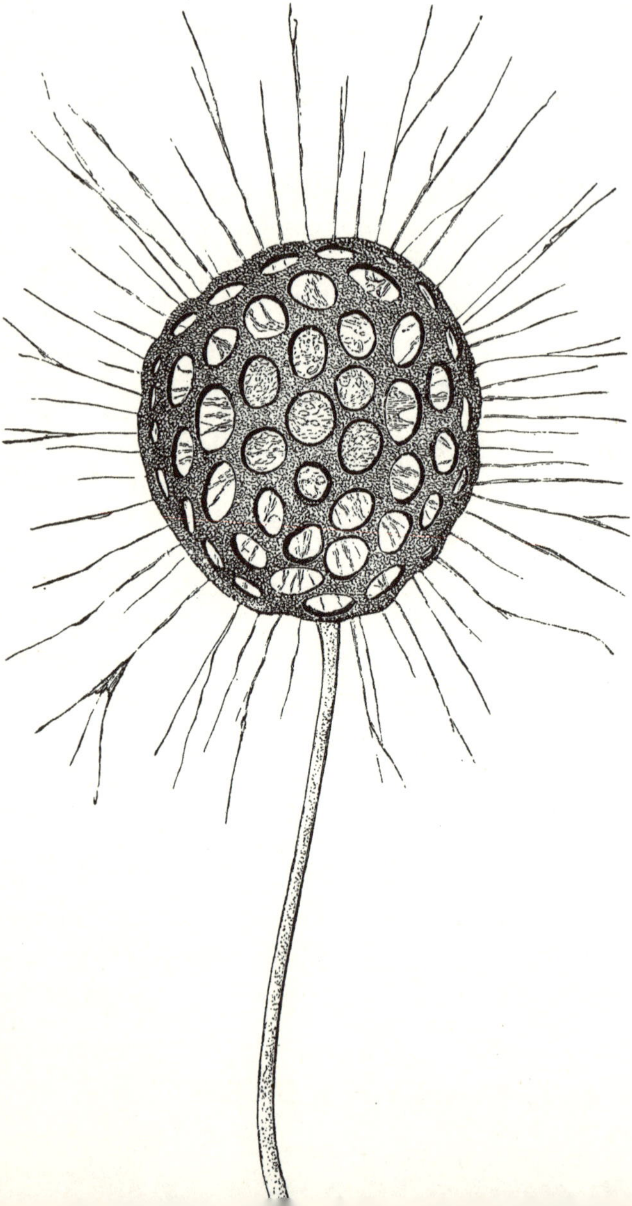

100 % naturel

Tout autour de nous, mère Nature se livre sans arrêt à mille et une expériences plus ou moins déjantées. Le chapitre qui suit fait la lumière sur certains de ses secrets mais sait conserver un voile de mystère sur ceux qui ont besoin de ce clair-obscur, ou de temps, pour mieux se révéler. Bandez un peu vos muscles scientifiques et essayez d'orienter la croissance des plantes, de vous confectionner une couche de graisse ou de transformer un os cassant en bout de caoutchouc. Comment pourriez-vous réussir de tels prodiges ? Restez naturel et lisez donc ce qui suit.

L'ami de la mare

Ramener des plantes de marais puantes et gluantes dans la cuisine fraîchement nettoyée ? Hum ! Tout cela sera bien sûr entrepris au nom de la science : cette expérience nous aide en effet à comprendre que les plantes sont à proprement parler le poumon de la planète.

VOUS AUREZ BESOIN DE

- 3-4 tiges de plantes aquatiques (élodée par exemple) cueillies dans une mare de jardin (ou achetées dans une boutique d'aquariophilie)
- 3 pinces à linge
- Un pichet à large embouchure de 75 cl à 1 litre
- Un tube à essai de 7-8 cm de long
- Un petit entonnoir (qui peut entrer facilement dans le pichet)
- Des allumettes
- De l'eau

MÉTHODE

1. Remplissez le pichet d'eau et ajoutez les plantes.
2. Assurez-vous que vos plantes sont encore bien vivantes en vérifiant si de petites bulles de gaz se dégagent à leurs extrémités.
3. Accrochez vos pinces à linge sur les bords de l'embouchure la plus large de l'entonnoir de façon à obtenir une sorte de trépied.
4. Abaissez votre entonnoir trépied dans le pichet de façon à ce que la plupart des tiges soient à l'intérieur du cône.

Assurez-vous que l'extrémité de l'embout étroit est bien au-dessus de la surface de l'eau.

5. Posez le tube à essai sur cette extrémité de l'entonnoir.
6. Patientez deux heures puis retirez le tube à essai précautionneusement, en le maintenant la tête en bas.
7. Demandez à quelqu'un de vous allumer une allumette puis de l'éteindre en soufflant dessus.
8. Introduisez l'extrémité de l'allumette encore chaude à l'intérieur du tube à essai. Elle devrait s'enflammer à nouveau.

LA CAUTION SCIENTIFIQUE

Les bulles qui s'échappent des plantes (et dont le gaz a été piégé dans le tube à essai) contiennent principalement de l'oxygène, un sous-produit du métabolisme des végétaux verts appelé photosynthèse. Après une heure ou deux, le tube contient suffisamment d'oxygène pour alimenter la combustion de l'allumette incandescente.

ATTENTION !

Assurez-vous que vos producteurs d'oxygène ne sont pas morts depuis votre retour de la mare. Soyez patient de façon à ce que suffisamment d'oxygène ait été produit. Faites bien attention lorsque vous manipulerez des allumettes, mais souvenez-vous que la tête de votre allumette doit rester incandescente pour que l'oxygène puisse jouer son rôle.

PRENEZ GARDE AUX ALLUMETTES

Cette expérience nécessite l'usage d'allumettes et doit par conséquent être encadrée par un adulte responsable.

L'Os en caoutchouc

Les hommes politiques se plaignent parfois – en particulier au moment des élections – de passer trop de temps à faire la tournée des popotes. Nous savons tous ce que cela veut dire : des repas sans fin avec des convives à mourir d'ennui, passés à mâcher et remâcher des blancs de poulet caoutchouteux et sans saveur. Mais peut-être y a-t-il un fond de vérité scientifique à tout cela, peut-être n'est-ce pas simplement un cliché ? Tentez cette expérience et voyez ce qu'il faut en penser.

VOUS AUREZ BESOIN DE

- L'os d'une cuisse ou d'un pilon de poulet, mis de côté après le repas
- Un pot assez grand pour contenir l'os avec un peu d'espace autour (de préférence avec un couvercle)
- Du vinaigre

MÉTHODE

1. Nettoyez soigneusement l'os.
2. Rincez-le sous l'eau courante.
3. Mettez l'os dans le pot et recouvrez-le de vinaigre.

4. Fermez le pot avec son couvercle ou couvrez-le.

5. Oubliez votre pot au réfrigérateur pendant au moins 3 jours.

6. Retirez doucement l'os du vinaigre et rincez-le soigneusement sous l'eau courante.

7. Observez votre os et voyez comme il est devenu.

LA CAUTION SCIENTIFIQUE

Nous savons tous qu'il convient de boire une grande quantité de lait et de manger des produits laitiers quand nous sommes jeunes car ils contiennent du calcium qui intervient dans la construction de nos os : il leur confère leur rigidité. Il en est de même pour l'os de poulet. Le vinaigre est un acide faible, mais il reste suffisamment fort (avec le temps) pour dissoudre le carbonate de calcium (qui est une base) dans l'os de poulet. Après quelques jours, il a fait son boulot et vous avez un véritable os de poulet en caoutchouc.

ATTENTION !

Cette expérience est sans danger et le seul risque que vous courrez est de renverser malencontreusement votre mélange vinaigre-os de poulet. Assurez-vous qu'il ne traîne pas près d'un tapis ou un meuble de prix.

Solide liquide
(ou serait-ce liquide solide ?)

Nous savons tous que les liquides se transforment en solides lorsque la température tombe suffisamment bas et que les solides (comme la glace) fondent quand l'environnement se réchauffe. Mais comment expliquer qu'une substance passe de l'état liquide à l'état solide quand vous la tapotez, puis décide de redevenir un liquide quand vous la traitez avec douceur ? Découvrez-le avec ce qui suit.

Vous aurez besoin de :

- 150 g de maïzena
- Un bol mesureur
- 120 ml d'eau
- Un grand bol mélangeur
- Du colorant alimentaire

MÉTHODE

1. Versez la maïzena dans le bol mélangeur et incorporez quelques gouttes de colorant alimentaire.
2. Ajoutez petit à petit l'eau dans le bol et mélangez-la à la maïzena avec vos doigts. Il n'est pas nécessaire d'utiliser toute l'eau : arrêtez-vous quand la poudre est entièrement humide.
3. Continuez à mélanger du bout des doigts puis tapotez la surface de votre mixture. Si la surface paraît alors solide (même si elle semblait liquide quand vous la mélangiez) alors vous y êtes.

4. Si c'est trop pulvérulent, rajoutez un peu d'eau; si au contraire ça reste liquide, rajoutez de la maïzena.

5. Essayez différentes façons de tenir votre mixture – roulez-la en boule puis tenez-la dans votre paume, frappez-la avec une cuillère pour l'aplatir – et regardez comment elle se comporte.

6. Demandez à ceux qui vous entourent quel est son état naturel : solide ou liquide ?

LA CAUTION SCIENTIFIQUE

Voici la clé du mystère : la réponse à la dernière question est que ce mélange n'est ni solide ni liquide, même s'il possède les qualités de ces deux états. C'est un genre de mélange appelé colloïde. Les minuscules particules de maïzena restent en suspension dans l'eau. Les colloïdes ont un comportement étrange, une propriété connue sous le nom d'isotropie : la mixture se comporte ainsi comme un liquide jusqu'à ce qu'elle soit agitée. Dès cet instant, elle devient solide.

ATTENTION !

Il n'y a pas de dangers évidents ici, à part une belle pagaille sur la table de la cuisine.

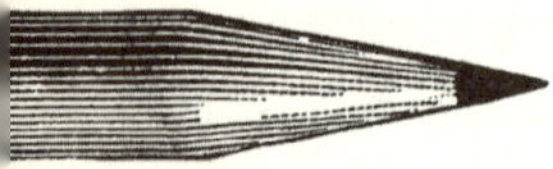

Le sac qui se ferme tout seul

Il est formidable que les sacs à sandwich puissent conserver votre repas au frais durant des heures, mais n'est-il pas pénible de devoir pincer le haut, se débarrasser de l'excès d'air puis tirer promptement le zip pour sceller l'ouverture ? Il y a sûrement un moyen de nous soulager de tous ces efforts. Cette expérience pourrait-elle nous ouvrir une voie dans cette direction ? Espérons-le – nous pourrions alors connaître la fin de cette fastidieuse compression du sac à sandwich.

Vous aurez besoin de :

- Un sac conservation à zip
- 3 crayons bien taillés
- De l'eau

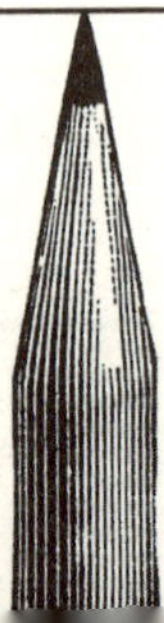

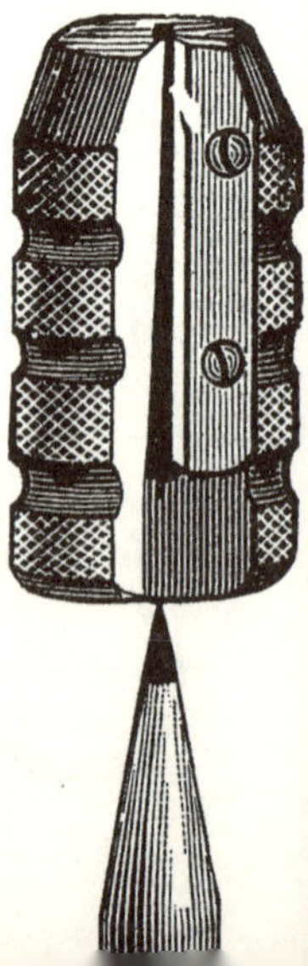

MÉTHODE

1. Remplissez le sac plastique au 2/3 d'eau.
2. Fermez hermétiquement le sac comme vous l'auriez fait en temps normal.
3. Tenant le sac par son extrémité supérieure, percez son côté avec un crayon sous le niveau de l'eau et poursuivez jusqu'à ce que celui-ci ressorte de l'autre côté du sac.
4. Répétez l'étape 3 avec le deuxième puis le troisième crayon.
5. Observez comme le plastique du sac se referme sur chaque trou – tout du moins tant que les crayons sont à l'intérieur.

– LA CAUTION SCIENTIFIQUE –

Un peu comme le caoutchouc du ballon increvable (p. 112), le plastique de ces sacs est naturellement élastique – jusqu'à un certain point. Quand il a été perforé par un objet pointu, le plastique se conduira comme un joint autour des bords du trou. Malheureusement, ce pouvoir ne s'étend pas jusqu'à boucher le trou lorsque le crayon est retiré, soyez donc prudent.

ATTENTION !

Il est préférable de faire cette expérience en extérieur, ou bien au-dessus d'une bassine ou d'une baignoire – le retrait du crayon pourrait provoquer quelques troubles si vous n'y êtes pas attentif. Si vous avez un penchant écologique, vous pouvez être moins dispendieux en utilisant un sac qu'un de vos enfants aura ramené de l'école (après avoir mangé son repas).

Rose ou rouge ?

Des fleuristes rusés en Irlande ou dans certaines villes américaines se débrouillent pour se procurer chaque année des œillets verts pour la Saint Patrick. Vous êtes-vous un jour demandé comment ils faisaient ? Nous vous donnons ici une chance de percer leur secret.

VOUS AUREZ BESOIN DE

- 2 cartouches d'encre pour stylo à plume (rouge et verte)
- tubes à essai
- Un verre de 300 ml
- De l'eau
- Une fleur blanche (une rose ou un œillet par exemple) avec une tige de 15 à 20 cm de long

MÉTHODE

1. Versez le contenu de chacune des cartouches dans des tubes à essai différents.
2. Diluez l'encre dans chaque tube en les remplissant à moitié d'eau.
3. Fendez délicatement la tige de la fleur de sorte qu'elle se sépare en deux à sa base, jusqu'à une longueur égale à celle des tubes à essai. Au-dessus de cette fente, la tige doit rester entière.

4. Introduisez les demi-tiges dans chacun des deux tubes à essai et mettez les tubes (avec leurs tiges) dans le verre.
5. Gardez les tubes en place pendant quelques heures.
6. Les pétales changeront progressivement de couleur – certains devenant rouges d'autres virant au vert.

LA CAUTION SCIENTIFIQUE

L'encre diluée est constituée principalement d'eau, dont la plante a besoin pour se nourrir. Il est véhiculé par les étroits canaux qui apportent l'eau et les nutriments dans les différents organes de la plante. Le colorant (en fait, de fines particules solides) atteint le bout de son chemin lorsqu'il arrive dans les pétales, en accompagnant l'eau qui, soit s'évapore à la surface du pétale, soit est métabolisé par les cellules. Il ne reste plus alors que les différents pigments colorés.

ATTENTION !

Assurez-vous que la partie fendue de la tige est bien immergée, sinon elle pourrait se charger d'une trop grande quantité d'air, ce qui ferait mourir votre fleur et ruinerait votre expérience.

La plante vagabonde

Cette extraordinaire expérience sur le mode « prenez du recul et observez » met le projecteur sur l'une des propriétés les plus élémentaires des végétaux – et à la fois l'une des plus incroyables sans doute. Tout juste comme ce plant qui pointe son bourgeon au travers du macadam, la pomme de terre en croissance trouvera son chemin au travers du labyrinthe que vous aurez construit, simplement pour trouver la source de lumière la plus proche. Si seulement nous étions tous aussi têtus et clairvoyants !

VOUS AUREZ BESOIN DE

- Une boîte à chaussure
- Une pomme de terre en cours de germination
- 60 × 60 cm de carton fort
- Un petit pot de fleur (d'un diamètre plus petit que la hauteur de la boîte à chaussure)
- De la terre humide
- Une paire de ciseaux

MÉTHODE

1. Mesurez la boîte à chaussure (largeur et profondeur) et couper trois morceaux de cartons de cette taille. Elles feront office de compartiments à l'intérieur de la boîte.
2. Couvrez la pomme de terre de terre humide dans le pot de fleur.
3. Vérifiez que chacune des formes en carton s'adapte parfaitement à l'intérieur de la boîte, comme des étagères.
4. Percez un trou dans chaque carte de compartimentation, légèrement plus large que le germe de la pomme de terre. Chaque trou devra être à différents endroits sur chaque carton.

5. Découpez un quatrième trou au sommet de la boîte à chaussure.
6. Glissez les trois cartes de compartimentation dans la boîte à chaussure, régulièrement espacées. Mettez le pot de fleurs, avec sa pomme de terre, dans le compartiment du bas, le plus éloigné du trou du sommet de la boîte.
7. Repositionnez soigneusement le couvercle, en vous assurant qu'aucune lumière ne peut pénétrer par les bords. Posez la boîte à un endroit où la lumière pourra pénétrer par le trou du sommet.
8. Après quelques jours, vous verrez le germe surgir du trou.
9. Ouvrez le couvercle et vous découvrirez les zigzags effectués par la tige en germination.

LA CAUTION SCIENTIFIQUE

Vous avez fait ici la démonstration d'une propriété appelée tropisme, qui explique comment une plante répond à une stimulation du milieu extérieur. Il existe différent type de tropisme : le fait que les racines se dirigent vers le bas – ou vers l'extérieur – pour trouver de l'eau en est un autre. Cette expérience fait la preuve d'un autre tropisme, appelé héliotropisme qui permet aux plantes de pousser dans la direction d'une source de lumière.

ATTENTION !

C'est une expérience sans danger et aucune mise en garde n'est nécessaire.

Le bain
de Soleil

Mais pourquoi donc les plantes semblent-elles avoir un tel besoin de lumière ? Peuvent-elles se débrouiller sans et continuer à être au mieux de leur forme ? Eh bien ! Nous ne vous le dirons pas. Mais nous allons vous indiquer un moyen de le découvrir par vous-mêmes, si tant est que vous soyez suffisamment patient pour attendre une semaine.

VOUS AUREZ BESOIN DE

- Un plant de géranium en pleine forme et d'une bonne taille
- Une paire de ciseaux
- Plusieurs morceaux de bout de papier Canson® noir
- De l'adhésif de masquage

MÉTHODE

1. Découpez deux carrés de Canson® noir de telle sorte que chacun soit légèrement plus grand qu'une feuille de géranium.
2. Dessinez une forme de cœur au centre de l'un de ces carrés et découpez-le soigneusement en laissant intacts les bords du carré.

3. Choisissez une des feuilles de géranium et prenez-la en sandwich entre les deux carrés de Canson® noir, en disposant le carré avec l'évidement en forme de cœur sur le dessus.
4. Colmatez les bords de ce sandwich avec l'adhésif.
5. Répétez cette opération sur deux ou trois feuilles supplémentaires.
6. Patientez une semaine.
7. Ôtez délicatement les papiers des feuilles. Vous devriez voir un joli cœur vert entouré d'un tissu foliaire tout pâlot.

LA CAUTION SCIENTIFIQUE

La couleur verte que vous associez aux végétaux (et que vous observez au niveau d'une feuille de géranium en bonne santé) est due à la présence d'une substance chimique appelée chlorophylle. Ce produit est intimement lié aux réactions dites de photosynthèse (qui permet aux plantes de produire leur propre nourriture, utilisant comme source d'énergie la lumière du Soleil). Dans cette expérience les caches n'ont laissé qu'une petite partie de la feuille exposée à la lumière – ce qui explique les cœurs d'un vert vif visibles lorsque vous ôtez les papiers. Les zones restées couvertes ont pris une teinte vert pâle, jaune ou même – dans certains cas extrêmes – blanche.

ATTENTION !

Soyez délicat lorsque vous positionnez vos caches sur les feuilles et que vous les en ôtez, car elles sont fragiles.

Engraissez-VOUS !

Les ours polaires, les baleines, et les phoques peuvent passer le plus clair de leur temps dans un air ou une eau glaciale, pourtant tous ces animaux sont des Mammifères. Or, les Mammifères sont des organismes à sang chaud qui créent par eux-même et s'efforcent de maintenir une certaine chaleur interne pour survivre. Nous vous donnons ici l'occasion de percer les secrets de ces survivants de l'Arctique. Le secret, c'est la graisse.

VOUS AUREZ BESOIN DE

- 250 g de matière grasse végétale ou de saindoux
- 4 sacs congélation à fermeture hermétique
- De l'adhésif de masquage
- Un chronomètre
- De l'eau froide et des cubes de glace
- Un lavabo ou une bassine profonde

MÉTHODE

1. Mettez la matière grasse végétale ou le saindoux dans un des sacs congélation.
2. Retournez à l'envers un second sac et placez-le à l'intérieur du premier sac.

3. Zippez le sac intérieur au sac extérieur de sorte que la matière grasse végétale ou le saindoux soit contenu entre les deux.
4. Scotchez tout espace au niveau de la jointure entre les deux sacs.

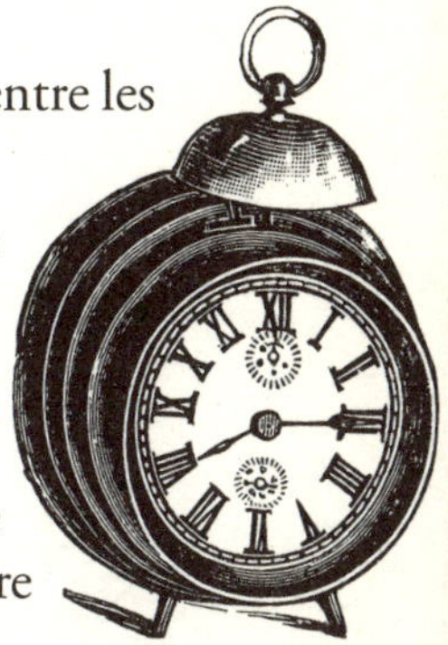

5. Assemblez les deux autres sacs de la même manière, mais cette fois sans graisse entre les deux sacs. (Chaque paire de sacs forme maintenant une sorte de « moufle ».)
6. Remplissez le lavabo ou la bassine d'eau froide et ajoutez les cubes de glace pour abaisser encore la température.
7. Enfilez les deux « moufles », déclenchez le chronomètre et plongez vos mains dans l'eau froide.
8. Mesurez combien de temps vous pourrez laisser chaque moufle dans l'eau – celle garnie de « graisse » et l'autre – avant que vous ne soyez obligé de l'en retirer.

— LA CAUTION SCIENTIFIQUE —

La clé de la survie en milieu froid est de limiter la perte de chaleur. L'épaisse couche de graisse sous la peau des baleines et des phoques isole ainsi le corps. Effectivement, il bloque le flux de chaleur du corps vers le milieu extérieur. Dans cette expérience, la matière grasse végétale ou le saindoux (de la vaseline marcherait aussi bien si vous en aviez en quantité suffisante) isolent votre main de la même manière.

ATTENTION !

N'essayez pas de battre un record en laissant votre main non protégée dans l'eau froide. Il suffit de prendre conscience que la graisse nous aide à maintenir l'autre main au chaud.

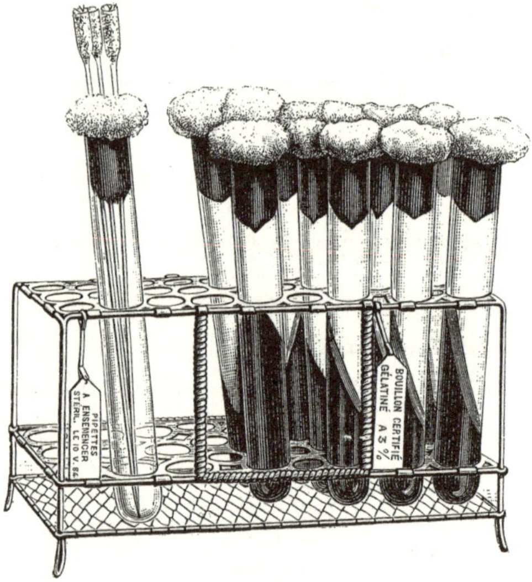
PIPETTES
A ENSEMENCER
STÉRIL. LE 10 V. 86
BOUILLON CERTIFIÉ
GÉLATINÉ A 3 %

Science en folie

Dans les pages qui suivent vous allez trouver de véritables expériences à couper le souffle, qui pourraient vous construire une réputation de scientifique transylvanien flanqué de son fidèle Igor. Même avec des objets de la vie de tous les jours comme des ballons de baudruche, de l'essuie-tout, de la petite monnaie ou des cartes à jouer, vous serez en mesure de stupéfier votre auditoire. Mais gardez en mémoire que votre sac à tours est arrivé avec l'étiquette « démonstrations scientifiques ». Les vedettes de ces petites scènes restent donc les courants électriques, la pression atmosphérique, les réactions chimiques et l'agitation moléculaire.

La coupe est pleine

Parfois les gens ont besoin qu'on leur prouve que le même principe un peu délicat à saisir qui est à l'œuvre en chimie peut devenir carrément amusant – voire fascinant. Voyez si vous pouvez comprendre pourquoi cette coupe ne déborde pas avant d'avoir pris connaissance du paragraphe « *caution scientifique* ». Pour un effet optimal, assurez-vous qu'un spectateur se chargera de verser la cuillère de sucre : de cette façon on ne pourra pas vous accuser de tricherie.

VOUS AUREZ BESOIN DE

- Un verre de 300 ml
- De l'eau chaude du robinet
- Un grand pichet
- Du sucre glace
- Une cuillère à café

MÉTHODE

1. Posez le verre sur la table et faites couler l'eau du robinet jusqu'à ce qu'elle soit bien chaude.
2. Remplissez le pichet d'eau chaude, puis versez l'eau du pichet dans le verre; ralentissez lorsqu'il est presque plein de sorte que vous puissiez le remplir à ras bord.
3. Très délicatement (en versant le plus doucement possible) continuez à ajouter de l'eau jusqu'à ce que la surface de

l'eau soit légèrement bombée au-dessus du bord du verre, sans pour autant déborder.

4. Mesurez maintenant une cuillère à café de sucre glace et ajoutez-le dans le verre en vous plaçant juste au-dessus de la surface. L'eau ne devrait pas déborder en dépit de l'ajout de sucre.

5. Répétez cette opération jusqu'à ce que l'eau déborde.

LA CAUTION SCIENTIFIQUE

Nous oublions le plus souvent qu'il y a de l'espace entre les molécules constitutives des produits qui nous entourent, comme l'eau par exemple. Dans la présente expérience, le sucre en solution dans l'eau et ses molécules s'insinuent dans les espaces restés libres entre les molécules d'eau. Donc, même si le verre est plein à ras bord (et même un peu plus grâce à la tension de surface), il reste encore un peu de place pour le sucre.

ATTENTION !

Faites attention à ce que votre cuillère ne transperce pas la surface de l'eau lorsque vous ajouterez le sucre, cela perturberait la tension de surface et ferait immédiatement couler l'eau pardessus bord.

La boîte sans fond

Vous savez, ces petits morceaux de polystyrène en forme de cacahuète, que l'on utilise pour caler les objets fragiles qui voyagent par voie postale – et qui semblent s'insinuer dans tous les recoins ? Vous pouvez les inviter à jouer un rôle central dans une délicieuse petite expérience qui a un besoin criant de spectateurs. Elle s'accompagne d'une jolie explication scientifique, si bien que vous n'aurez pas le sentiment d'avoir perdu votre temps. Il vous suffit de réunir ici une grande quantité de ces petits bouts de polystyrène – une quantité plus importante que vous ne sauriez l'imaginer.

VOUS AUREZ BESOIN DE

- Une boîte de conserve vide, soigneusement nettoyée
- Des morceaux de polystyrène à caler (beaucoup : au moins six poignées)
- Du dissolvant

MÉTHODE

1. Versez le dissolvant au fond de la boîte de conserve vide jusqu'à environ 2 cm. (Si vous avez prévu un public, faites cela avant qu'il n'arrive et prétendez que la boîte est vide.)

2. Posez la boîte sur la table, à côté d'un gros tas de morceaux de polystyrène.

3. Réservez la quantité de polystyrène qui devrait suffire à remplir le volume de la boîte.

4. Lâchez ces morceaux dans la boîte un par un.

5. Ce premier tas devrait être rapidement consommé, commencez alors à prélever des morceaux du tas principal.

6. À moins que vous n'ayez reçu récemment trois colis spéciaux remplis de porcelaines chinoises, et que vous ayez conservé jusqu'aux derniers les petits bouts de polystyrène qui les calaient, vous consommerez sans doute rapidement l'intégralité de votre réserve. Le volume nécessaire peut atteindre un grand nombre de fois celui de la boîte de conserve.

— LA CAUTION SCIENTIFIQUE —

Cette expérience repose sur la réaction chimique entre le polystyrène et l'acétone, le principe actif du dissolvant. Le préfixe « poly » (en grec, beaucoup, un grand nombre) dans le terme polystyrène fait référence à sa structure chimique : c'est une longue chaîne faite de la répétition monotone de la même sous-unité. On appelle ces chaînes des polymères. L'acétone dissout les liaisons entre les unités de cette chaîne. Avec la disparition de ces liens (leur liquéfaction), il ne reste que très peu du polystyrène initial, privé de son air.

ATTENTION !

Le dissolvant à ongle est un produit moins dangereux que l'acétone pure (son principe actif), mais souvenez-vous tout de même qu'il s'agit d'un solvant et qu'il est donc irritant pour la peau. Portez des gants lorsque vous réaliserez cette expérience, en les faisant éventuellement passer pour vos attributs de magicien ! Après avoir réalisé cette expérience, laissez la boîte en lieu sûr pendant un jour ou deux. Le liquide prendra en masse et vous pourrez alors vous en débarrasser facilement.

Micro inflammable

Bien sûr, les orateurs enflammés de l'agora peuvent se jucher sur une caisse en bois, mais vous, pourquoi ne pourriez-vous pas utiliser une boîte beaucoup plus petite – une boîte d'allumettes par exemple – pour diffuser votre message ? Cette expérience vous offre non seulement l'opportunité de bricoler pour la cause scientifique, mais c'est aussi un clin d'œil à ce XIXe siècle prolifique en inventeurs de tous poils.

VOUS AUREZ BESOIN DE

- Des mines de graphite (pour critérium)
- Un clou ou une vis pointu (pour percer la boîte d'allumettes)
- Le tiroir d'une petite boîte d'allumettes
- Une pile plate de 4,5 V (LR12)
- Une vieille paire d'écouteurs dont vous n'avez plus besoin, idéalement avec une bonne longueur de fil
- 25 cm de câble électrique

MÉTHODE

1. Percez deux trous séparés d'environ 1 cm, sur chacun des côtés étroits de la boîte d'allumettes. Faites en sorte que les trous se trouvent alignés aux deux extrémités.

2. Cassez trois morceaux de mines : deux feront 1,5 cm de plus que la boîte d'allumettes, et la troisième aura exactement 2 cm de long.

3. Grattez délicatement chaque mine sur une face.

4. Insérez les deux mines les plus longues, face grattée vers le haut, par les paires de trous de la boîte d'allumettes et posez la plus courte (face grattée vers le bas) en travers des deux premières.

5. En commençant à l'extrémité des fils des écouteurs, séparez les deux fils sur environ 15 cm.

6. Connectez l'un des fils à l'une des bornes de la pile et le second fil à l'une des mines qui dépassent de la boîte.

7. Utilisez le câble électrique pour connecter l'autre mine à la seconde borne de la pile (fermant ainsi le circuit en série).

8. Demandez à quelqu'un de mettre les écouteurs et soulevez la boîte d'allumettes délicatement en la maintenant bien à l'horizontal.

9. Parlez alors dans la boîte d'allumettes – votre partenaire devrait entendre votre voix dans les écouteurs.

— LA CAUTION SCIENTIFIQUE —

Cette expérience fait appel aux principes de base du fonctionnement de la plupart des microphones. Quand vous parlez dans la boîte, ça vibre. Ce mouvement est transmis aux mines, qui induisent un courant d'intensité variable. L'inverse se passe dans les écouteurs : les à-coups de courants provoquent des vibrations, qui se traduisent par des sons.

ATTENTION !

Assurez-vous que vous pouvez vous séparez de vos écouteurs, car il sera évidemment plus difficile de les rétablir dans leur forme première que de les démonter (et les microphones-boîte d'allumettes n'ont que peu d'avenir dans notre monde moderne).

Fuite sans fuite

Est-ce une expérience ou une farce ? En fait, elle appartient d'une certaine façon aux deux genres. C'est assurément une démonstration brillante de la manière dont un couple de forces physiques doit s'associer pour engendrer un nouvel effet. En outre, c'est une excellente occasion de donner aux petits messieurs je-sais-tout de votre famille la leçon qu'ils méritent. Dans tous les cas, il y a une réponse très simple à adresser au premier qui se plaint : « Mais prend donc un peu de recul ! »

VOUS AUREZ BESOIN DE

- Une bouteille de 1,5 l en plastique transparent
- Un marqueur permanent
- Une épingle

MÉTHODE

1. Avec votre marqueur, écrivez en gros sur la bouteille, au niveau du tiers supérieur, un avertissement du type « Ne pas ouvrir ».

2. Utilisez l'épingle pour faire une série de petits trous dans la bouteille à la base des lettres écrites à la main.

3. Mettez la bouteille dans un évier ou une casserole.

4. Remplissez la bouteille et, si possible, laissez couler l'eau tandis que vous vissez à fond le bouchon.

5. Tenez la bouteille par son bouchon et déplacez-la sur le plan de travail, avec l'avertissement écrit à la main bien visible, sur l'avant.

6. Soyez patient et attendez que quelqu'un arrive. Feignez l'ignorance si on vous interroge sur l'avertissement et observez la curiosité les envahir jusqu'à ce qu'ils ouvrent enfin la bouteille.

7. L'eau jaillira alors de la série de petits trous que vous aviez percé.

— La caution scientifique —

Tout dans cette expérience est affaire de pesanteur et de pression. Ces deux forces doivent être ensemble à l'œuvre pour que l'eau coule de la bouteille. Quand la bouteille a été remplie, sans que le moindre interstice d'air n'ait pu se loger dans le goulot, la gravité était alors incapable de pousser l'eau ver le bas car elle a besoin d'air – et de la pression qu'il exerce – pour agir en intermédiaire. Cette même force (la pression atmosphérique) empêche l'eau de couler par les petits trous d'épingle. Quand le bouchon est ôté, l'action combinée de la gravité et de la pression atmosphérique au sommet de la bouteille est suffisante pour vaincre la pression atmosphérique qui s'exerce de l'extérieur vers l'intérieur au niveau des trous d'épingle. Le résultat est un jaillissement brutal d'eau aspergeant l'infortuné qui n'a pas voulu tenir compte de l'avertissement.

Attention !

Pour que la farce fonctionne, il est indispensable que l'eau ne fuie pas trop tôt. Couvrez donc les trous au moment où vous remplissez la bouteille à ras bord, de façon à être bien sûr qu'il ne reste pas d'air. En portant la bouteille par son couvercle quand vous la déplacerez, vous éviterez qu'elle ne soit pressée – une autre façon d'éviter « l'arroseur arrosé ».

La dure vérité

C'est un vrai plaisir lorsqu'un objet quotidien et inoffensif – dans le cas présent un pull – peut tenir le rôle-titre dans une démonstration scientifique à couper le souffle. Il ne vous reste donc plus qu'à trouver un pull bien doux et laisser jaillir les étincelles.

VOUS AUREZ BESOIN DE

- Un pull en laine
- Un sol couvert d'un tapis ou d'une moquette

MÉTHODE

1. Réalisez cette expérience de nuit ou les rideaux tirés.
2. Fermez les portes de la pièce et éteignez toutes les lumières.
3. Frottez doucement le pull sur le tapis ou la moquette.
4. Regardez les étincelles qui jaillissent.

LA CAUTION SCIENTIFIQUE

Notre vieille amie la fée électricité est ici à l'œuvre. Le contact de la laine du pull contre le tapis (chacun de ces deux matériaux agissant comme des isolants, avec des électrons à leur surface) signifie que les électrons vont pouvoir circuler de l'un à l'autre. Cela n'a rien à voir avec le frottement. Au contraire, la friction permet d'exposer aux deux matériaux (laine et tapis) sur des surfaces plus importantes, permettant à plus d'électrons de faire le saut. Une réaction en chaîne s'installe alors, engendrant davantage de chaleur jusqu'à ce que finalement – clac – l'étincelle jaillisse.

ATTENTION !

La très faible quantité d'électricité impliquée dans cette expérience ne présente strictement aucun danger.

Le ballon fantôme

Cette expérience diabolique est tellement simple que vous pouvez la démarrer – discrètement – lors d'une fête d'anniversaire. Qui pourrait imaginer qu'une fête pleine de ballon colorée puisse devenir si… effrayante.

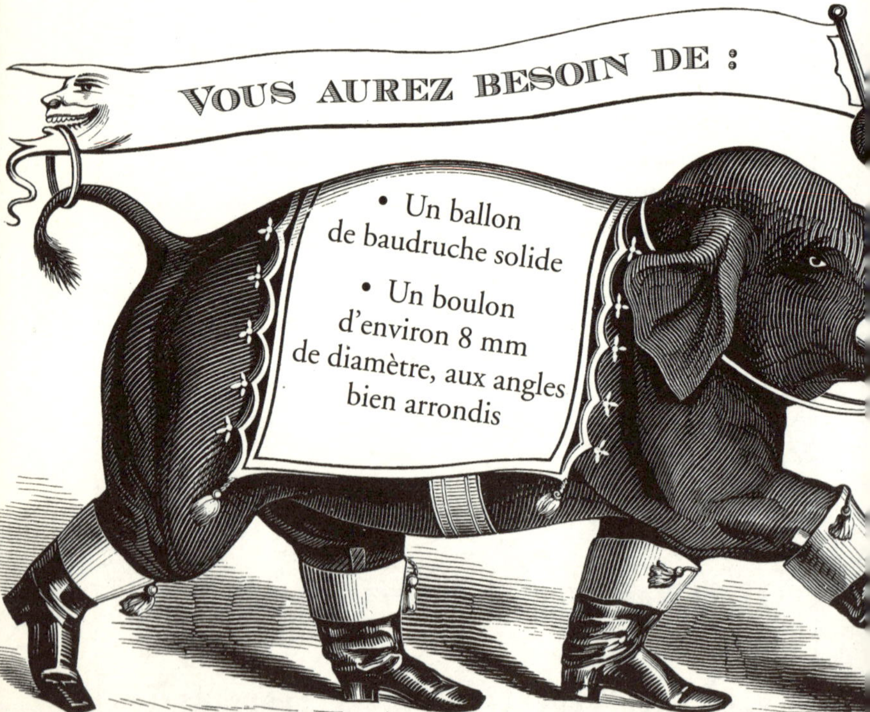

MÉTHODE

1. Glissez le boulon dans le ballon.

2. Gonflez le ballon et nouez-en l'extrémité.

3. Posez la main en coupe sur l'extrémité nouée du ballon.

4. Inclinez le ballon vers le bas et commencez à l'agiter d'un mouvement circulaire de sorte que le boulon à l'intérieur fasse le tour en roulant.

5. Vous devriez commencer à entendre un bruit étrange… à faire froid dans le dos.

— LA CAUTION SCIENTIFIQUE —

Le mouvement du boulon induit des vibrations sur toute la surface du ballon. Les vibrations se propagent à l'air présent à l'intérieur et autour du ballon. Cette vibration de l'air n'est rien d'autre que du son.

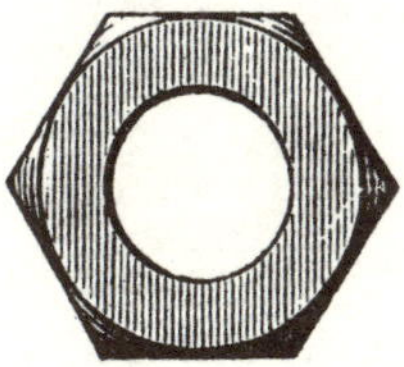

ATTENTION !

Voici une petite expérience simple et rapide. Assurez-vous juste que votre boulon n'a aucun angle tranchant ou rugueux, qui pourrait faire exploser le ballon avant que vous n'ayez pu entendre quoi que ce soit.

La bulle de savOn

Essayez d'imaginer comment réagirait l'enfant le plus blasé à l'idée d'être enfermé dans une bulle de savon. C'est une expérience des beaux jours, à réaliser à l'extérieur. Tenez un appareil photo prêt pour immortaliser l'événement, car il se trouvera toujours quelque sceptique quand vous – ou l'enfant volontaire – décrirez la scène. L'« ingrédient secret » (la glycérine) ajoute couleur et force aux bulles de savon.

VOUS AUREZ BESOIN DE

- Une petite piscine gonflable (de 1 m de diamètre minimum)
- Un cerceau
- Un marchepied en bois
- Des gants de natation
- 500 ml de liquide de vaisselle
- 750 ml d'eau
- 125 ml de glycérine (vendu dans la plupart des pharmacies)
- Un seau de 10 l (idéalement avec un couvercle)

MÉTHODE

1. Mélangez dans le seau le liquide vaisselle, l'eau et la glycérine (ce mélange peut être conservé – il bonifie même avec le temps – mais vous devrez pour cela couvrir le seau).

2. Versez le mélange dans la piscine gonflable.

3. Posez le cerceau dans la piscine de sorte qu'il soit totalement immergé dans la solution.

4. En prenant garde à ne pas percer le fond de la piscine, déposez le marchepied à l'intérieur du cerceau.

5. Demandez à l'enfant volontaire de se tenir debout sur le marchepied – il est toujours plus amusant de prendre le plus « revenu de tout » de l'assistance pour avoir le plaisir d'observer la transformation.

6. Levez le cerceau et passez-le au-dessus de la tête de l'enfant : une bulle géante enveloppera alors le volontaire.

– La caution scientifique –

Le liquide vaisselle (un savon) est l'ingrédient de base de tout mélange à bulles. Chaque molécule de savon a deux moitiés – l'une hydrophile (qui aime l'eau), l'autre hydrophobe (qui la fuit). La pellicule de savon dans la bulle est en fait un « sandwich » : une couche de molécules d'eau enfermée entre deux couches de molécules de savon. Les deux ennemis des bulles de savon sont la tension de surface et l'évaporation. Les forces d'interaction entre les molécules de savon isolent les molécules d'eau et abaissant les forces de tension. L'ingrédient supplémentaire, la glycérine, forme des liaisons hydrogène avec les molécules d'eau, limitant l'évaporation.

Attention !

Faites bien attention à ce que le mélange à bulles ne rentre pas en contact avec les yeux de l'enfant volontaire – une paire de lunettes de piscine peut s'avérer une précaution utile. Gardez également à l'esprit que la qualité des bulles dépend du type d'eau (une eau peu dure est préférable) et des conditions climatiques (optez pour un jour légèrement humide).

Une pesanteur implacable

Vous pourrez choisir ici à quel point cette expérience sera déjantée, en fonction de votre humeur du moment – ou de l'état de votre compte en banque. Elle peut se faire avec un verre, une carte postale et de l'eau : vous en aurez alors pour environ 2 € de fournitures. Mais vous pouvez la tenter avec un Château Margaux si vous vous sentez suffisamment sûr de vous. Quelle que soit votre approche, c'est toujours un bonheur de voir la surprise se peindre sur le visage des plus jeunes qui n'ont encore jamais tenté cette expérience très classique sur la pression atmosphérique.

VOUS AUREZ BESOIN DE

- Un verre
- Une carte à jouer ou une carte postale
- De l'eau
- Des serviettes de toilette ou une baignoire (en cas de problème)

MÉTHODE

1. Remplissez le verre au ¾ d'eau.
2. Posez la carte sur l'embouchure du verre, et vérifiez qu'il n'y a pas la moindre ouverture.
3. Appuyez la carte sur les rebords et retournez le verre.

4. Quand le verre est à l'envers, enlevez votre main de la carte.

5. La carte reste attachée au verre et il n'y a pas la moindre fuite d'eau.

– LA CAUTION SCIENTIFIQUE –

La justification de cette expérience est fort simple, tout dépend ici de la pression atmosphérique. L'eau à l'intérieur du verre exerce bien sûr une pression sur la carte dirigée vers le bas, mais ce qui surprend ici est la force de pression exercée par l'air en sens opposée – car, dans ce cas, elle dépasse en intensité la force gravitationnelle de l'eau.

ATTENTION !

Les meilleurs objets pour couvrir les bords du verre doivent être à la fois léger et peu déformable – les cartes à jouer ou les cartes postales sont parfaites. Quoi que ce soit de plus solide conviendrait pour ce qui est de la fermeté mais risquerait d'être un peu trop lourd pour ce tour sur la pression de l'air. Un dernier avertissement à ne pas négliger : ne tenez pas le verre et la carte retournés trop longtemps. Si la carte se détrempe, elle se déforme. Cela rend les choses plus difficiles à soutenir pour la pression de l'air, et la gravité risque brutalement de gagner !

Le coup de la nappe

Il va sans dire que cette expérience vieille comme le monde pourrait sortir tout droit d'un livre de magie. Mais à son origine, on trouve un principe scientifique fondamental – l'un des plus fondamentaux qu'a énoncé le grand Isaac Newton. Inutile de vous démontrer ici le caractère déjanté de l'aventure : vous saurez dans l'instant si elle l'est, ou pas.

VOUS AUREZ BESOIN DE

- Une tasse en plastique remplie d'eau
- Une nappe en papier

MÉTHODE

1. Disposez la nappe sur un coin de table ou de plan de travail.

2. Posez la tasse sur l'un des coins de la nappe à environ 2-3 cm du bord de la table.

3. Saisissez-vous fermement d'un pan de la nappe et tirez-le rapidement de dessous la tasse.

4. Vous devriez vous retrouver avec la nappe dans une main et la tasse encore en place sur la table.

LA CAUTION SCIENTIFIQUE

Cette expérience démontre le principe d'inertie, décrit pour la première fois par Isaac Newton comme il l'écrit dans sa première Loi de la dynamique. L'inertie décrit la propriété qu'ont les objets de rester immobile – et dans ce cas précis de rester sur la table plutôt que d'être emporté avec la nappe.

ATTENTION !

Vous pouvez corser l'expérience en choisissant où vous la réaliserez. Si la tasse se renverse, c'est que vous n'avez pas tiré suffisamment rapidement, ou avec suffisamment de force.

Par ici la monnaie

N'est-il pas choquant de voir avec quelle difficulté les gens compte la monnaie à rendre ? Voici une expérience toute aussi choquante mais, cette fois, l'effet provient de la monnaie qui s'empile, et non de celle que l'on compte.

Vous aurez besoin de :

- 6 pièces de monnaie en cuivre identiques (5 centimes d'euros par exemple)
- 6 pièces de monnaie en nickel (le centre des pièces de 1 euro par exemple)
- 11 carrés d'essuie-tout de 3 × 3 cm
- Du jus de citron
- Une tasse ou un petit bol

MÉTHODE

1. Versez le jus de citron dans la tasse ou le bol et ajoutez les carrés d'essuie-tout.
2. Faites une pile de pièces alternant les pièces en cuivre et les pièces en nickel. Posez un carré d'essuie-tout trempé dans le jus de citron entre chaque pièce. (Il doit rester deux pièces non recouvertes aux deux extrémités de la pile quand vous aurez fini.)
3. Humectez le bout de vos deux index et tenez la pile de pièce entre ces deux doigts.
4. Vous devriez ressentir un petit choc.

LA CAUTION SCIENTIFIQUE

Le choc que vous avez ressenti provient d'une véritable décharge électrique, bien que de faible intensité. En effet, l'électricité peut être décrite à un certain niveau comme un flux d'électrons. Ici, l'acidité du jus de citron libère des charges positives sur les pièces de cuivre et des charges négatives sur les pièces en nickel. Tout s'arrêterait là – ou en d'autres mots l'électricité ne pourrait pas circuler – si le circuit restait ouvert. En tenant la pile de pièces entre vos deux index humides vous fermez le circuit, et provoquez alors une petite décharge électrique. Les batteries classiques, telles que celles utilisées dans les voitures, fonctionnent selon le même principe des piles Daniel ou « piles de concentration ».

ATTENTION !

La quantité d'électricité produite ici est très faible, elle est donc sans danger. Pour être sûr qu'elle marche, cependant, vérifiez que les essuie-tout soient humides mais pas trempés. En outre, des pièces propres donnent un meilleur résultat.

Document déperlant

« Le mieux est l'ennemi du bien », comme disait le grand architecte et designer contemporain Mies van der Rohe, et cette expérience simplissime illustre fort bien cet adage. Elle prend à peine 1 minute, mais nous livre une démonstration élégante de quelques principes scientifiques fondamentaux. De surcroît, l'ingrédient principal – le bout de papier – peut devenir le centre de tous les intérêts. Essayez d'utiliser quelque chose qui a l'air vraiment important, quelque chose qui semble ne pouvoir souffrir la moindre tache. Cela rendra l'attente en fin de représentation presque insoutenable pour votre auditoire.

Vous aurez besoin de :

- Un verre en verre transparent
- De l'eau
- Un lavabo ou une bassine de 3 ou 4 l
- Un papier format A4 (une feuille de journal ou, mieux encore, un papier administratif qui paraît important)

MÉTHODE

1. Remplissez le lavabo ou la bassine d'eau.
2. Froissez sans excès le morceau de papier.
3. Enfoncez le papier en boule dans le fond du verre vide, tassez-le suffisamment pour qu'il ne tombe pas quand le verre sera retourné.
4. Plongez le verre tête en bas dans le récipient plein d'eau, suffisamment profond pour que le papier ait l'air d'être sous l'eau.
5. Laissez le verre dans cette situation pendant une bonne minute.
6. Sortez le verre de l'eau et extrayez-en le papier : brandissez-le de façon théâtrale et laissez-le circuler dans l'audience. Il sera sec.

LA CAUTION SCIENTIFIQUE

L'air dans le verre a protégé de l'eau le papier en agissant comme une barrière. L'air est plus léger que l'eau, il ne peut donc s'échapper des bords du verre. En même temps, l'eau ne peut s'engouffrer dans le verre qui est plein – d'air !

ATTENTION !

Cette expérience est une révélation même si vous utilisez une page sans valeur. Si vous tenez à augmenter la mise, prenez un document qui semble important (la photocopie d'une invitation ou d'un courrier administratif, par exemple). Vous ne voudriez pas courir le risque de voir le document original tomber dans l'eau car vous ne l'avez pas suffisamment bien coincé au fond du verre.

Le petit alchimiste

D'accord, nous n'allons pas prétendre que nous pouvons vous révéler ici les secrets de la Pierre Philosophale, mais cette expérience aborde en vérité l'un de buts poursuivis par ces alchimistes du Moyen Âge – changer la nature des métaux. Bien sûr, ils cherchaient le moyen de transformer en or des métaux tels que le plomb, mais vous avez ici l'occasion de transformer l'acier en cuivre. Ou du moins c'est ce qu'il semblera…

Vous aurez besoin de :

- 12 pièces de 1 ou 2 centimes (c'est avec les plus ternes qu'on obtient les meilleurs résultats)
- 1 cuillère
- Un clou en acier non galvanisé
- Un bol en faïence ou en plastique
- 150 ml de vinaigre
- 1 c. à café de sel
- De l'essuie-tout

MÉTHODE

1. Ajoutez le vinaigre dans le bol et dissolvez le sel.
2. Mettez les pièces dans le bol (ajoutez un peu de vinaigre si elles ne sont pas complètement recouvertes).

3. Laissez les pièces dans le bol environ 5 minutes.

4. Retirez les pièces du bol en utilisant la cuillère. Séchez-les sur l'essuie-tout (ne vous débarrassez pas du mélange vinaigre/sel).

5. Ajoutez le clou dans le bol rempli de liquide et laissez-le tremper pendant une trentaine de minutes. Observez les petites bulles qui se forment autour de lui.

6. Retirez délicatement le clou du bol et déposez-le sur un essuie-tout pour qu'il sèche. Il semblera être en cuivre.

LA CAUTION SCIENTIFIQUE

Dans la première partie de l'expérience, la solution de vinaigre a « nettoyé » les pièces d'une partie de leur cuivre. Ce cuivre est ensuite resté en solution (avec le vinaigre et le sel), puis il a participé à une réaction chimique à la surface du clou en acier. L'un des produits de cette réaction est le cuivre métal qui se dépose sur le clou. Ce type de réaction chimique qui permet d'ajouter une couche de métal est appelé plaquage; vous venez de faire un clou plaqué cuivre. L'or à la prochaine étape !

ATTENTION !

Cette expérience marche mieux si la concentration de cuivre (des pièces) est assez élevée – faites donc bien attention à ne pas avoir la main trop lourde avec le vinaigre. Prenez un bol pas trop gros, dans la mesure où la quantité de liquide nécessaire pour recouvrir les pièces diluera immanquablement la solution.

Un esprit éclairé

Le calembour du titre vous fera peut-être grommeler, mais la chouette expérience qui suit a toutes les qualités d'une démonstration scientifique classique : elle est rapide, facile et tape très haut à l'applaudimètre. Et ce qui ne gâte rien, elle a pour fondement un phénomène scientifique vraiment captivant. Pour de meilleurs résultats, réalisez cette expérience à la nuit tombée, l'effet n'en sera que plus effrayant.

VOUS AUREZ BESOIN DE

- Un ballon de baudruche
- Une ampoule basse consommation
- Un volontaire très chevelu
- Un deuxième volontaire pour tenir l'ampoule

MÉTHODE

1. Gonflez le ballon et nouez-le serré.
2. Demandez à un volontaire de tenir soigneusement l'ampoule, avec l'embout métallique pointé vers l'avant.
3. La personne qui tient le ballon devra le frotter vigoureusement contre ses cheveux pendant 10 secondes puis toucher avec ce ballon l'embout en métal de l'ampoule.
4. L'ampoule s'éclairera alors d'une lueur fantomatique.

LA CAUTION SCIENTIFIQUE

Le gaz à l'intérieur de l'ampoule basse consommation peut être excité même si le courant électrique qui le traverse est de très faible intensité. Frotter le ballon contre les cheveux engendre de l'électricité statique, de telle sorte que quand le ballon touche l'embout métallique de l'ampoule, des électrons s'écoulent dans l'ampoule. Cette charge électrique très faible excite le gaz à faible pression dans l'ampoule, qui à son tour excite le revêtement phosphorescent. Cette dernière étape produit une lumière blanche.

ATTENTION !

Assurez-vous que le volontaire chargé de tenir l'ampoule est soigneux et responsable.

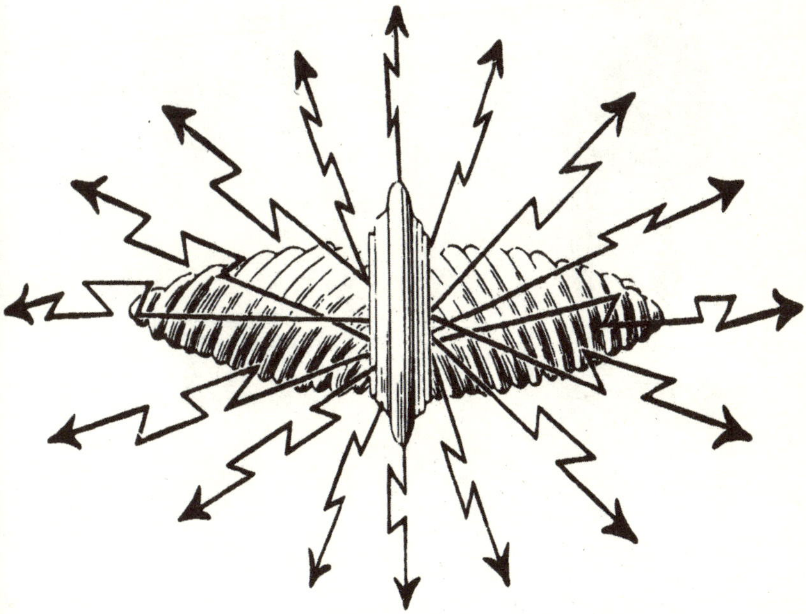

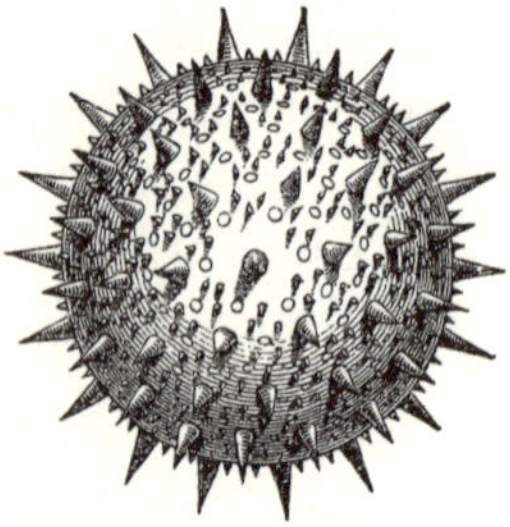

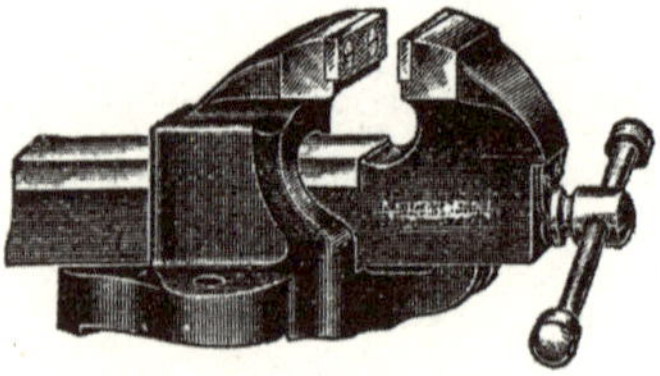

Handy Oil Can
THREE IN ONE OIL
3 IN
PREVENTS RUST
LUBRICATES
CLEANS AND
POLISHES
TALKING MACHINES
SEWING MACHINES
TYPEWRITERS &
ELECTRIC FANS
RAZORS & STROPS
FIRE ARMS
CASH REGISTERS & LAWN
MOWERS LIGHT MACHINERY, ETC
PIANOS, FURNITURE & WOODWORK
Manufactured by
THREE IN ONE OIL COMPANY
NEW YORK U.S.A
25
CENTS

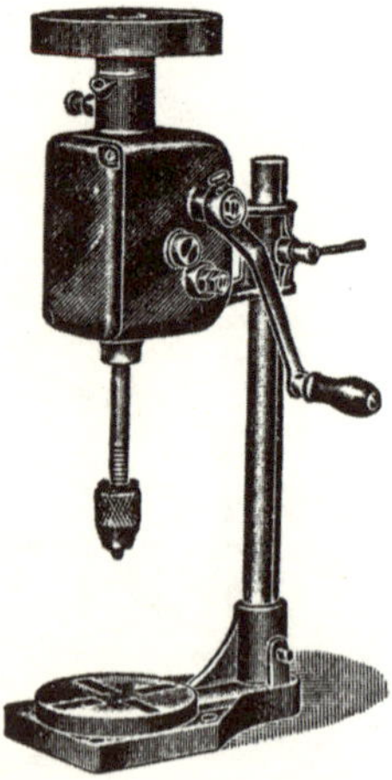

D'un coup d'œil

Quelques-unes des 65 expériences de ce livre sont instantanées, tandis que d'autres s'étalent sur plusieurs jours. La liste qui suit les regroupe selon le temps nécessaire à leur réalisation, en commençant par les plus rapides.

Un feu de paille

moins de deux minutes

L'affaire de cinq minutes

2 à 5 minutes

Dans l'heure

jusqu'à une heure

L'affaire d'une journée

de 1 à 8 heures

Tenez la distance

un jour entier voire plus

DUNOD

Pour l'éditeur, le principe est d'utiliser des papiers composés de fibres naturelles, renouvelables, recyclables et fabriquées à partir de bois issus de forêts qui adoptent un système d'aménagement durable.
En outre, l'éditeur attend de ses fournisseurs de papier qu'ils s'inscrivent dans une démarche de certification environnementale reconnue.

52295 - (VI) - (4,5) - BAB 80° - SCM - JME

Imprimerie Nouvelle - JOUVE
45800 Saint-Jean de Braye
N° d'Imprimeur : 936517U
Dépôt légal : septembre 2009
suite du tirage : Août 2012

Imprimé en France